知ってるつもりで間違える慣用句100

田村秀行
Hideyuki Tamura

亜紀書房

まえがき

この本は、いくつかの特徴をもっています。

まず、扱っているのが慣用句であるということです。

こうした本を書く際に思ったのは、一般的に四字熟語や故事成語の知識本はよくあるのに対し、慣用句だけをまとめた本というのは少ないのではないか、ということでした。

本にまとめる側としては、四字熟語などのほうが対象をまとめて集めたり扱ったりしやすいからだと思いますが、実際によく使われながら誤用が多いという点で、実用として必要なのは慣用句だろうと思ったのです。

もう一つの特徴は、会話によるクイズ形式をとったことです。

クイズ形式そのものは珍しいものではなく、私もクイズ形式で二冊の本を出したことがありますので、得意とするところです。

けれども、慣用句の用法の適・不適を問うということになると、単に言葉の意味をいくつか並べて選ばせるというのでは実践的なものにはなりません。慣用句は、あくまで現実の中で使われている形として判断すべきものだからです。

そこで、選択肢をすべて会話形式のものとしました。意味だけの場合ならばすぐに正解が選べそうなものでも、こうした実践形式になると、どれも正しく感じられて迷ってしまうということが起こりがちです。その意味では、かなり判断の難易度が高くなっているかもしれません。

それから、こうした知識ものの本は、どうしても一本調子になって、読み飽《あ》きがしてくるということが避けられません。

そこで、設問ページの会話は、選択肢の会話の場面や長さにバリエーションをもたせ、読んで楽しいものになるように努めました。

解説ページは、言葉の意味を解答のすぐあとに書くということをせず、解説文の中に埋め込んで、太字で示すことにしました。

また、解説は、単なる解説ではなく文章として読みやすいようにしたため、解説する選択肢の順番が問題ごとに違っていますので、この点は気をつけて読んでください。

こうした変化で、少なくとも読み飽き（というより見飽き）しないで進んでもらえればと思っています。

見出し項目は読者の方々の興味を引きそうな順に並んでいますが、それではもう一度見たいと思ったときに探しにくいので、索引目次は、標題語だけでなく解説文に現れた慣用句も含めて、五十音順になっています。

こうした内容で楽しみながら、慣用句の適切な用法が、一つでも読者の皆さんの身についてくれれば、著者としての幸いです。

二〇一二年八月

田村秀行《たむらひでゆき》

この本の使い方

●目次は、本書で取り上げた慣用句を五十音順に並べているので、索引として活用してください。

●問題ページで、慣用句を使ったA、B、Cの三つの会話が示されます。三つのうち一つだけが正しい用法です。

●ページをめくると、正解と解説文があります。

●解説文中の〈 〉は慣用句です。

索引目次

＊ゴシックは本書の項目見出しで、それ以外は解説文で意味を説明している慣用句です

【な行】

知ってるつもりで間違える慣用句100

1 釘《くぎ》を刺す

A 「明日の宴会だけどさ、また調子に乗って一人で歌いまくるんじゃないぞって言われちゃったよ」
「いつもやるから、今度は**釘を刺された**わけだな」

B 「昨日の宴会で調子に乗って一人で歌いまくったら、今日部長に呼びつけられて**釘を刺されちゃった**よ」
「そりゃ、あれだけ勝手にやりまくれば怒られもするさ」

C 「あの人、いつも宴会なんかに来ないでしょ、今度は来るように約束させてよ」
「うん、やっぱりみんなそろわないとまずいよね。わたしがしっかり**釘を刺して**おくから大丈夫」

正解　A

この言葉には、大きく二つの使い方があって、ここでは**「相手の行動を予測して厳重に注意しておく」**という意味のほうを取り上げました。つまり、相手に釘を刺して一定の位置にとめておくというような感じで、Aの、前もって勝手なことをしないように注意するような場合がそれにあたっています。

Bは、「釘を刺す」を、痛みを与えるようにとって、叱《しか》られる意味に使っていますが、意味が違うだけでなく、このように**事後に用いる言葉ではありません**。

この言葉のもう一つの意味は**「約束違反や言い逃れができないように念を押しておく」**ということですが、どちらにしても事前にすることです。

けれども、Cのように約束をとりつけて縛《しば》っておくという用法はありません。

2 四《し》の五《ご》の言う

A 「あの人の意見って、なんだかはっきりしないのよね」

「そうそう、**四の五の言う**だけで、一や十のようなはっきりしたことを言わないから、結論がわからないんだ」

B 「うちの会議はみんなで**四の五の言う**ばかりだからなあ」

「まったく、数だけは出てくるんだけど、役に立たない意見ばかりで、決定的な発言がないんだよな」

C 「藤川さんて、すぐ人の意見に難癖《なんくせ》つけるでしょう。すっきりした意見にも面倒《めんどう》なことを言い出すし」

「ほんとにいやな性格ね。なんでも**四の五の言わないと**気がすまないんだから」

正解　C

「四の五の」だけで、あれやこれや・なんのかの、という意味をもちます。それが「言う」までついた慣用句となると、**「なんのかのと文句・屁理屈《へりくつ》をつけ、不平や面倒なことを言う」**という意味で用いられることになります。

Aは、「四の五の」の意味もとり違えており、中途半端という意味で用いているので、まったく見当違いです。

Bは、「四の五の」の部分だけならば合っているとも言えますが、「言う」まで含めた慣用句としては、意味がズレてしまっています。さらに、無駄な意見という意味で用いているとも思われますので、それならば明らかに誤用です。

Cが適切で、人にうるさい文句をつけるという用法になっています。

3 血道《ちみち》を上げる

A「ここでなんとか**血道を上げないと**、どうにもならないな」
「そうだね。何かこの行きづまりを打開する決定的な道を探さないと、終わりになってしまうだろうな」

B「おい、君は最近ずいぶん販売成績がいいらしいね。いい客筋をつかんでいるんじゃないか。うらやましいよ」
「何言ってるんだ。そんなことで**血道を上げられる**くらいなら苦労しないよ」

C「ねえ、あの人最近、武田君に**血道を上げてる**んじゃない」
「そんな感じね。あの冷静だった人がのぼせあがるんだから、恋の力はあなどれないね」

正解　C

「血道」が何をさしているのかはっきりしませんが、おそらく血管のことで、そこを通る血が熱くなっているような状態をイメージした言葉ではないかと思われます。

そういうのぼせあがった状態のことを言うわけですが、慣用句の意味としては、**「ものごとに熱中して分別を失う」**という悪い意味合いで使います。

特に**色恋に夢中になってわけがわからなくなっているような場合に多く用いる**ので、ここではCがぴったりの使い方です。

Aは、行きづまった状態を打開する場合のことを言っているので、これならば〈血《けつ》路《ろ》を開く〉です。

Bは、成果を上げることを言っていますが、よい意味というだけでも誤用です。

4 悪びれる

A 「わたしさあ、歳や立場が上の人の前に出るとどうしても気後《きおく》れがして、口ごもってしまうの」
「そんなに**悪びれないで**堂々と話せないの？　相手を人形だと思えばいいのよ」

B 「ちょっと叱《しか》りすぎたかなあ、あのバイトの子、あんまり**悪びれる**から気の毒になっちゃった」
「気が弱いのよ。すぐ自分のせいにするタイプだから」

C 「俺に従弟《いとこ》がいるんだけど、格好つけて**悪びれる**から滑稽《こっけい》に見えるんだよ」
「まあ、そういう年ごろなんだろ。お前だって昔を思えば人のことは言えないじゃないか。不良ぶってさ」

正解　A

意味は、**気後れがして恥ずかしい様子や、見苦しい振る舞いをする**ということですが、ここに「悪」のニュアンスが出ていないため、言葉自体の正確な意味は、あまり理解されていないようです。通常は「悪びれない態度」のように否定形で用います。その形になるとなんとなく意味がわかるのが不思議なところです。

Aが、ぴったりの用法で、話す・答えるというときによく使う言葉です。

Bは、気の弱い者が叱られて自分のせいだと思うというのですから、「悪いと思う」という意味の言葉として使っていますので、誤用になります。

Cは、若い者が格好をつけて不良のように「悪ぶる」という意味での誤用です。

5 焼けぼっくいに火がつく

A「ねえねえ、坂本さんと大森君さあ、いよいよ**焼けぼっくいに火がついてきた**と思わない？」
「うんうん、これから燃え盛るってところだ」

B「あなたさあ、あの人とよりを戻したわけなの？」
「うーん、なんというのか、**焼けぼっくいに火がついた**感じで、またはじまっちゃったのよね」

C「お前、あの子とどうなってるんだ。ゴールインするのか」
「いや、どうも**焼けぼっくいに火がついてしまって**、燃え尽きた感じだよ。もう終わりだね」

正解　B

「ぼっくい」は「木杭・棒杭」で、一度焼けた杭《くい》は火がつきやすいところから、この言葉は、**「以前に関係があってとだえていたものがもとの関係に戻る」**ことを言い、ほとんどの場合男女関係について用います。

よく「松ぼっくり」と語呂《ごろ》を混同して「焼けぼっくりに火がつく」と言うことがありますが、誤りです。

Aは、「焼けぼっくい」を、まだ燃えはじめのものとしてとったための誤用です。

Bが、よりを戻すということで適切な使い方になっています。

Cは、「火がつく」を、燃えるというより燃え尽きる最終段階の意味で用いており、結果も反対になっているので誤りです。

6 海のものとも山のものとも

A
「今度入った子ねえ、見込みはどうだろう」
「さあ、今のところ**海のものとも山のものともつかない**ね。まあしばらくは様子を見てからのことだ」

B
「うちはちゃんとした紹介がないと採用しないことになってるだろ。あんな**海のものとも山のものとも知れない**者をとって、どういう気だ」
「それでも、うちもそろそろ採用の門戸を広げないといけないと思いまして」

C
「佐野君は、特別の才能があるわけじゃないけど、だれとでもつきあえるっていうのが、最近の若い男の子としちゃいいところだよね」
「うん、**海のものとも山のものとも**交われるというのは、特技といっていいよ」

正解　A

出題の都合で一部分だけを標題とし、かつ「もの」をひらがな表記としましたが、実際には「海の物とも山の物ともつかぬ（つかない）」が慣用句としての形です。

「ものごとの正体・本質がつかめず、どうなるか将来を予測できない」ときに用いる言葉で、特に、**人間が出世を期待できるのかということ**について使われます。

Aは、そのように人間の将来の見込みについて言っていますから適切な用法です。

Bは、「素姓《すじょう》がわからない」ということですが、この言葉にこうした用法はなく、これを慣用句で言うならば〈どこの馬の骨とも知れない〉というところです。

Cは、将来についての表現になっていないだけでなく、肯定形で用いているのと、「もの」を「者」のつもりで使っているのが誤用です。

7 大阪の食《く》い倒《だお》れ

A
「大阪人というのは、とにかくよく食べるよね」
「そりゃ、**大阪の食い倒れ**っていうくらいだから、満腹して倒れるまで食べようとするんだな」

B
「大阪の人は味覚に敏感で、飲み食いに熱心なものだよ。それで財産をなくしてしまう人もいるくらいだから」
「まさに**大阪の食い倒れ**だね、家まで食ってしまうようなもんだ」

C
「この前遊びに行ってさ、**大阪の食い倒れ**やっちゃって帰りに困ったよ」
「そうなんだよな。大阪に行くと食べることにお金を使いすぎて、旅費が予算オーバーになって参るよ」

正解　B

有名な言葉ですが、本来は単独では使わないところを、いつのまにかこの言葉だけがひとり歩きをして、間違った意味で使われる場合があるようです。

これは、〈京の着倒れ〉と並べて言う言葉で、**好みのことに贅沢《ぜいたく》をして財産をつぶしてしまうこと**を言います。それが、大阪の場合はBのように飲み食いのことだということで、京都は着ることで破産するというわけです。

Aは、食べすぎて実際に倒れる意味で使っていますが、案外この間違いは多いようです。

Cは、食べることでそのときの持ち金を使い果たすという意味なので、破産するまでには至っておらず、正解ではありません。

8 無い物ねだり

A 「あんたはまったく**無い物ねだり**で、すぐに親に頼んで手に入れようとするけれど、少しは自分で買う努力をしなさいよね」
「そんなこと言ったたって、わたしの収入じゃ無理なんだもの」

B 「スタイルとルックスがよくて収入も十分で、そのうえ優しい男がいいなんて、**無い物ねだり**もいいところよ」
「そうかしらねえ、どこかにはいると思うけど」

C 「今さら**無い物ねだり**だとはわかってるけど、失くしたおもちゃって惜しいよね」
「ほんとうにね。わたしも子どものときにいっしょに寝ていたクマのぬいぐるみをもう一度抱いてみたいと思うよ」

正解　**B**

この言葉には基本的に、自分の持っていない物を欲しがるという意味がありますが、ここには単純にそのような意味の会話はありません。

次に、慣用句的には、**「実現できないことを無理に望む」**という意味があり、Bがそのような用法になっています。現時点では発明困難と思われるようなものごと（昔で言えば会話翻訳機など）や、社会的なシステムなどについて言うこともあります。

Cは、今ないものという点ではいいのですが、失くした物のことを言っているのが、この言葉の用法からはズレています。

Aは、人にねだることに重点をおいた会話になっているのが不適切です。そもそも、この言葉自体に、人にねだるという意味合いは含まれていません。

9 男心と秋の空

A 「男の人はいいわよね、別れたって、からっとしているものね」
「そういうのを**男心と秋の空**って言うんだけど、そんなさっぱりした男ばっかりじゃないよ」

B 「上田君、もう彼女と別れたんだってさ」
「まったく**男心と秋の空**とはよく言ったわよね。気が変わりやすいったらありゃしないんだから」

C 「おい、伊東のやつ、この前つきあいはじめたばっかりなのに、もう彼女に飽《あ》きたなんて言ってるぞ」
「まあ、**男心と秋の空**だ。お前も人のこと言えないだろ」

正解　B

この場合の「秋の空」というのは、変わりやすい性質のことを言っているので、**「男の女に対する気持ちは秋の空模様のように変わりやすい」**という意味になります。したがって、Bの使い方がぴったりです。Aは、秋晴れの空をイメージした誤用になっています。

これを、和歌によくある掛詞《かけことば》のように「秋《あき》」に「飽《あ》き」が掛かっていると深読みすると、Cのようになりますが、この場合はそうではありません。

この慣用句は現在では勘違いされて、**〈女心と秋の空〉**と使われることのほうが多いように思われますが、本来は「男心」です。ただ、意味的に「女」に換えてもまったくおかしくないうえに、現在ではそのほうが実状にあっていそうなので、**すでに誤用の段階ではないといってもよい**かもしれません。

10 煮え湯を飲ます

A「うちの課長は、部下の叱《しか》り方がひどいよね」
「ほんとだよ。あんなに**煮え湯を飲ます**ようにきついことを言わなくてもいいじゃないよね」

B「あれほどかわいがってやったのに、予告もなく退社して仕事に穴を空けるとは、なんてやつだ。人事係として面目《めんぼく》丸つぶれだよ」
「まったく、君としては**煮え湯を飲まされた**思いだろうね」

C「ああ、また清水君に**煮え湯を飲まされた**。悔しいなあ」
「いつも将棋を指しに行ってはやられてくるんじゃないの。そんなに悔しい思いをするくらいなら行かなけりゃいいのに」

正解　B

これは、煮えた湯を飲ませる、という比喩《ひゆ》からだけでは意味のとれない慣用句で、**比喩《ひゆ》どおりに残忍なことをする意味で使うことはほとんどありません。**

比喩に一番近いイメージで使っているのがAで、「ひどいことをする」「手ひどくやっつける」の意味にしていますが、意味合いが不足しています。

慣用句の用法として適切なのはBで、**「信用してくれている人を裏切ってひどい目にあわせる」**という意味になります。比喩だけでは、「信用してくれている」「裏切る」の意味が出てこないわけです。

この言葉は、このように「煮え湯を飲まされる」と受け身で使うことが多く、この会話の状況ならば、**〈飼い犬に手を咬《か》まれる〉と同様の意味**と思ってよいでしょう。

Cは、悔しい思いをさせるという意味に用いているので、ズレています。

11 気《き》が多い

A
「これと決めた仕事を彼といっしょにするのは、ちょっと危ない気がするよ。すぐ気が変わるからね」
「そう、彼は**気が多くて**一つに集中できない性質《たち》なんだ」

B
「尾崎先生に叱《しか》られてしまってね、落ち込んでるんだ」
「大丈夫だよ。あの先生は**気が多くって**、一つのことで叱ってもほかのことではほめてくれるから、挽回《ばんかい》できるよ」

C
「わたしの弟は**気が多くって**、まわりはいつもはらはらしてばかりよ。どうにかならないものかしら」
「けんかっぱやいんだね、若いということさ。そのうち直るよ」

正解　A

この言葉は、**「心が一つに定まらず好みや興味がいろいろに変わる」**という意味で用います。つまり、「気」というのは「気が引かれる」というときの「気」と同じであるわけです。

使い方としては、Aのように悪い意味のことが多く、人の性質としては、**あまり感心しないような場合に用います。**

また、**男女関係では、浮気性などの意味になる**こともあります。

Bは、人に対して評価を一つに決めつけないという意味で使っていますが、それならば〈心が広い〉が適切です。

Cは「けんかっぱやい」というのですから、〈血の気《け》が多い〉と勘違いして使っており、「気」の読み方も違います。

12 虫が好かない

A「あの野郎、いつも勝手なことばかりしやがって。今度だってやりっぱなしで放り出していくし」
「まったくいらいらさせられてばかりだ。このままじゃ腹の**虫が好かない**よ」

B「どうしてなのかわからないんだけど、わたし、あの人のこと**虫が好かなくて**」
「だれにとってもそういう人っているんだよ。特にどこがどうというわけじゃないんだけど、なんとなく嫌いなんだね」

C「ああ、いやだ。わたしはあの顔を見るだけで**虫が好かない**のよ。はっきり言って嫌いだわ」
「好かれた男なのに、またずいぶん毛嫌いしたもんね」

正解　B

「虫」というのは、慣用句では〈虫の知らせ〉（よくないことが起こりそうな予感がする）、〈虫の居所《いどころ》が悪い〉（不機嫌な様子）のように、はっきりとしない何かの作用が起こるようなことによく用いられます。

標題の言葉も、好かない理由がはっきりしておらず、**「どことなくいやな感じがして気にいらない」「どうも好感がもてない」**というような意味になります。**〈虫が嫌う〉と言っても同じ**ことです。

BとCの用法を比べた場合、同じく嫌いな原因は明確になっていませんが、Bはなんとなくという感じで、Cははっきり毛嫌いしています。この嫌いな程度の明確さという点では、不明確なBのほうが適切で、Cのような強い用い方はしません。

Aは、人に勝手なことをされて事態が収拾せずにいらいらしているような状況ですから、〈腹の虫がおさまらない〉の誤用です。

13 **おっとり刀**《がたな》

A 「今大変なニュースが入ってきて、課長は**おっとり刀**で飛び出して行ったよ」
「どこかに急なことでも起こったのかしらね、そんなにあわてて行くなんて」

B 「あの人はいつも**おっとり刀**だからな、こっちは気が短いからいらいらしちゃうよ」
「ほんとにね、どうしていつもあんなにのんびりしてるんでしょう。いざというときに頼りにならないわね」

C 「ついにやったな、すごい人事だ。会長の決断だというよ」
「ついに**おっとり刀**を抜いたわけだ。これも今までいろいろ言わないで黙っていたからこその効果だな」

正解　A

漢字で書けば「押っ取り刀」です。「押《お》っ」は強めの接頭語で特に意味はありません。言葉の意味は、武士が急なできごとにあって、刀を腰に差す暇もなく手に持ったままでいることですが、主に**「急いで駆けつける」**場合に用います。

Aは、駆けつけるという表現はしていませんが、あわてて行くというのですから、どこか駆けつけるべき目的地があるはずなので、適切な用法です。

Bは、非常によく勘違いされている使われ方で、ゆっくり・のんびりの意味になっていますが、これは「おっとり」という穏やかな振る舞いを表す言葉との混同で、語源を知らなければ間違えて当然とも思われます。

Cは、いよいよの決め手として抜いたのですから、〈伝家《でんか》の宝刀《ほうとう》〉の誤りです。

14 ピンからキリまで

A 「昨日はさ、買った本が面白くて、夜の**ピンからキリまで**読み通しちゃったから、眠くてさ」

「徹夜で読むほど面白い本だったんだ」

B 「アウトレットっていっても**ピンからキリまで**だからな、いい品だけ置いてるわけじゃないさ」

「そりゃ、売れ残った新古品だもの、当たり前じゃない」

C 「ほんとうに人間の境遇って揺れ動くよな」

「うん、一定して暮らせはしないようにできてるんじゃない？　**ピンからキリま**での間を波のように繰り返している感じね」

正解　B

「ピン」は「一」のことで、ここでは第一番・最上のもののことを指します。「キリ」はポルトガル語のなまりだといいますが、「最後」のものを意味します。

一般的な使い方は、Bのように**「品質などが最上から最低まである」**ことを示すときの用法です。略して「ピンキリだ」という言い方もよくします。

芝居などの最初から最後までを表す使い方もあったようですが、現在ではほとんどそういう用い方はしません。特に、Aのような時間についての用い方はありません。

Cは、「ピン」と「キリ」の意味としては間違っていませんが、ある範囲の上限と下限を表してその間の動きを示すような使い方は、用法としてズレています。

15 怪我《けが》の功名《こうみょう》

A「この研究もすんなりとはいかないで、さんざん犠牲を払ってやっとのことで完成にこぎつけたんだ」
「それはまったく**怪我の功名**といったところだけど、よかったじゃないか」

B「実験していて失敗したと思ったら、かえってそれでうまくいったんだよ。わからないもんだね」
「うん、意図《いと》せずにそういう**怪我の功名**でできることがよくあるのよ」

C「もうしゃくにさわってならないんだ。手柄が**怪我の功名**になっちゃった」
「聞いたよ。君が苦労して立てた手柄に大林君がケチをつけたんだって？　名誉《めいよ》毀損《きそん》だよな」

正解　B

この場合の「怪我」というのは「間違い」の意味で、この慣用句以外でも「怪我にも（間違っても）～しない」などの形で打ち消しをともなって用いる言葉です。

この慣用句では打ち消しでなく、結果がよかった場合に用います。つまり、間違って功名をあげたということで、**「過失と思われたことや何気なしにやったことが意外にもよい結果になる」**ことを意味し、**「その手柄や得た名誉」**のことも言います。

つまり、Bのように**意図しないで好結果が出たときに使う**のが正しい用法です。

Aは、「怪我」を、払った犠牲の意味で用いており、「怪我」をふつうに傷のような意味にとっている点で誤った使い方となっています。

Cも傷ついた手柄・名誉の意味で使っており、比喩《ひゆ》がAと同類です。

16 情けは人のためならず

A 「いつか人の財布を拾って届けてあげたことがあったんだけど、今度は自分の落とした財布を届けてくれた人がいたよ。**情けは人のためならず**だな」
「まったく、よいことはしておくもんだよ。次には自分が助かるんだから」

B 「後輩が困っているようだから手助けしてやろうと思うんだが、どうだろう」
「やめとけよ。**情けは人のためならず**だぞ。自分で苦労して乗り越えさせたほうがよっぽどためになるよ」

C 「捨て猫にエサをあげるのって、どう思う」
「いろいろ意見はあるけどさ、わたしは賛成だな。**情けは人のためならず**って言うじゃない。人だけじゃなくて動物にも情けはかけなきゃ」

正解　A

現在では、標題のように「ため」とひらがなで書くことが多くなっていますが、漢字をあてれば「為」で、何かの益になることです。「人」は、「他人」のことで、この場合はCのように「人間」を意味する用法ではありません。

この慣用句は、仏教の**「因果応報《いんがおうほう》」**つまり「原因と結果は相応《あいおう》じて報《むく》いがくる」という原理を世間的に表したものであり、**「他人によいことをすれば結局自分によい報いがくる」**ということを意味しているので、Aのような用法が本来のものです。

ところが、仏教的な考え方が日常から遠ざかってくると、これが言葉の表面の意味どおりに理解されるようになって、Bのように、**「情けをかけるのは他人の益にならない」という意味で使われることが多くなってきている**のが実状です。

17 軒《のき》を並べる

A 「まあこの街も以前とはさま変わりしたことだな」
「まったくなあ、汚い呑《の》み屋が**軒を並べていた**もんだが、今はしゃれたブティックなんかがあるんだもんな」

B 「けやき通りは一軒《けん》ごとはきれいなんだけど、高さがまちまちで街路としては美観に欠けていると思わない？」
「そうね、ヨーロッパみたいに**軒を並べて**街造りをしないとね」

C 「△△町に行くと、二軒の饅頭《まんじゅう》屋があってね、それがどっちも元祖だって言い張ってるんだよ」
「面白いね、**軒を並べて**競《きそ》っているわけだ」

正解　A

慣用句というのは、ふつうは単なる言葉の意味以上のものを比喩《ひゆ》的に含んでいることが多いのですが、これは慣用句ながら意味は言葉どおりで、そこに別のニュアンスを加えて意味を補うというタイプです。慣用句としては、**「軒を接して多くの家がぎっしりと立ち並んでいる」**という情景を意味しており、「多くの家」「ぎっしり」という意味を加えればよいのです。

Aが、昔のこととしてちょうどそうした情景のことを言っています。

それに対してBは、「並べる」の意味に「高さをそろえる」という意味を加えているわけで、この慣用句の用法としてはズレています。**軒の高さは問題ではない**のです。

Cは、看板を競うというような意味で用いており、そもそも「軒」の意味からズレています。

18 いわく付き

A 「この掛け軸は代々うちに伝わっていてね、由緒《ゆいしょ》正しいものだと人からも言われているんだよ」
「へえ、**いわく付き**のものなんだね。たいしたもんだ」

B 「この書はね、幕末のころからいろいろな人の手に渡ってきたらしいんだよ」
「それじゃ、そのままにしておかないでさ、経歴を詳しく調べて**いわく付き**のものになるようにしなさいよ」

C 「この置物はちょっとした**いわく付き**でね、うちに置いてながめるだけで、表には出せないんだ」
「何か危ない品なのか。まさか盗品じゃないんだろうね」

正解　C

「いわく」は、「誰々いわく」というときには「誰々の言うことには」の意味ですが、単独の名詞として使うと、外からはわからない隠れた事情や理由というような意味合いになります。それも悪いことがらの場合に用いるので、この慣用句は、**「何か好ましくない特別な事情が付随している」**ことを意味します。**人の場合などでは、よくない前歴があること**です。

Cが、表には出せない事情があり、それが盗品と疑われる可能性もあるということなので、この慣用句としての用法として適切です。

Aは、よい意味のことがらであり、言うならば〈折り紙つき〉とすべきです。

Bは、「いわく」を詳しい来歴という意味で用いており、まったくズレています。

19 抜き差しならない

A 「大変なことになってしまった。こんな役目を引き受けなければならないことになるとはなあ」

「もう**抜き差しならない**ことなんだから、覚悟を決めて立ち向かえよ」

B 「大変だ、**抜き差しならない**ことが起こったぞ」

「たしかに、これまでにない重大事だけど、逆に大きなチャンスじゃないか。ここをうまく乗り切れるかどうかだな」

C 「困ったよ、どう処置していいかわからないようになってしまった。こんな**抜き差しならない**状態になるとはなあ」

「ほんとうにどうにもならないの？　何とかしなさいよ」

正解　C

この言葉は、刀などが抜き出すことも差し込むこともできない状態になってしまったことを言います。つまり、中途まで抜いて動かなくなってしまったわけですが、慣用句としては、**「どうにも動きがとれない」「処置のしようがない」**という意味で用います。類義語には**〈退《の》っ引《ぴ》きならない〉**があります。

こうした意味で用いているのはCで、「どう処置していいかわからない」というのがぴったりしています。

Aも似ているように思えるかもしれませんが、逃れられないという意味で用いており、自分で動いて処置をすることができるわけですから、状況が違います。

Bは、重大なことということのような意味になっているので、まったくの誤用です。

20 浮き足立つ

A
「さあ、今年もお祭りの時期になったね。わたしも浮き浮きするよ」
「ほんとうにこの町の人は祭好きだからねえ。太鼓の稽古《けいこ》がはじまるとみんなが**浮き足立っている**感じになるもんね」

B
「おいおい。いくら遊ぶのは独身のときにかぎるといったって、そんなに**浮き足立って**ばかりいちゃまずいだろうに」
「いいじゃないか、気楽にあちこちぶらぶらできるうちが花だ」

C
「君の会社、大丈夫なのか。かなり悪い噂《うわさ》を聞いたけど」
「そうなんだよ。そうとう危ないらしくて、もうみんな**浮き足立って**転職先を探してるみたいだ」

正解　C

「浮」の字を用いる慣用句はたくさんありますが、はっきりと悪い意味になるものはこの言葉くらいです。「立つ」は「だつ」がふつうですが、「たつ」とも読みます。

「浮き足（浮足）」というのは、爪先《つまさき》だけが地面について踵《かかと》が上がっている状態のことで、この言葉はそうなってしまう精神状態のことを表しており、**「不安や恐れで落ち着きを失う」「逃げ腰になる」**という意味です。

選択肢でそのように悪い意味で用いている会話はCで、倒産の噂で落ち着かずに今の会社から逃げ腰になっているわけです。

Aは、「浮き浮きしたよい気分」の意味ですから、〈浮かれ立つ〉が適切です。

Bは、意味の良否は難しいところですが、「あちこちぶらぶらする」ということから〈浮かれ歩く〉を用いるべき状態です。

21 袖《そで》にする

A 「清水産業もひどいよなあ。これほど長くつきあってきたうちを**袖にして**、よそに乗り換えちゃうんだものな」
「料金の問題なら、一度相談してからにしてくれればいいのにね」

B 「君ねえ、清水産業の件だけどね、なんとしても再受注してくれよ」
「ええ。一度料金を話し合って、なんとしてもあちらの**袖にして**引き止めるように努力してみます」

C 「清水産業の件は、担当者の独断だろ。あちらにしても、どうしてあんな勝手を許したんだろう」
「どうも、よそがその人にかなり**袖にして**抱き込んだみたいですよ」

正解　A

この慣用句は、**「人をないがしろにする」「邪魔者扱《じゃまもの》いにする」**という意味で用いますが、語源は袖で振り払うということではなく、「身」に対しての「袖」が付属物であるため、「付属物のように扱う」、つまり「おろそか」「いい加減」という意味になることからできた言葉です。

Aが、この慣用句の一般的な使い方になっていて適当な用法です。ただし人でなく、「ものごとを重んじないで疎略《そりゃく》にする」という場合に用いることも可能です。

Bは、相手を引き止めようとする場合で、「あちらの袖」とも言っていますから、これは〈袖にすがる〉の誤用と考えられます。

Cは、人を抱き込んで自分が利益を得るようにするのですから、賄賂《わいろ》を渡すというような意味で〈袖の下をつかう〉と間違えています。

22 他山《たざん》の石とする

A「四井銀行は、早目の不良債権処理をして、現在ではもっとも健全経営になっているというが、こちらの業界としても見習わなければいけないな」

「そうですね。業界を超えて**他山の石とすべきこと**です」

B「村野証券は、不良債権隠しをしたためにつぶれてしまったわけだよな」

「そうですよ。だから、こちらとしてもそういうことを**他山の石として**、不良債権を公表する勇気をもたないと」

C「うちの社長はどういう性格なんだろうね。よその失敗から学ぼうという気がまるでないみたい」

「ほんとに。どこが倒産しようが**他山の石**としか思ってないようだもんね」

正解　B

辞書には「他山の石」だけが項目になっていますが、ここでは「〜とする」の形で慣用句として扱いました。

「他山の石」というのは、よその山から出たつまらない石のことで、そんなものでも自分の石を磨《みが》くのに役立つというところから、慣用句としては、**「他人の誤った言行を自分の修養などの助けとする」**という意味になります。

したがって、AとBを比べた場合、Aは「よいことを見習う」Bは「悪いことを参考にして役立てる」ということなので、Bが適切な用法だということになりますが、Aのように**よい場合に用いる誤りが多い**ので気をつける必要があります。

Cは、よそごとで関係がないというような意味に使っている誤用です。

23
小鼻《こばな》をふくらます

A「うちの課長ってさ、どんな話題でも最後は自分の自慢に結びつけないと気がすまないのよね」
「そうそう、**小鼻をふくらまして**さ、おかしいったらありゃしない」

B「見てみな、また課長が**小鼻をふくらまして**何か言ってるよ」
「あーあ、また文句言われてるんだぜ、気の毒に。あの顔されるとやんなっちゃうよな、不満たらたらだもん」

C「おい、課長がずいぶん意気込んでるぜ」
「たしかに**小鼻をふくらましてる**な。あの人、ちょっと強気になるとあれだからな」

正解　B

身体の部分に「小」がつくときには、〈小耳《こみみ》にはさむ〉〈ちらりと聞く〉、〈小腹《こばら》がすく〉〈少し空腹をおぼえる〉のように「ちょっと」という意味を比喩《ひゆ》的に添えることが多いのですが、「小鼻」の場合は鼻の膨らんだ部分（鼻翼《びよく》）のことです。

標題の言葉は、それをふくらますというときの気分と態度を表している慣用句で、**「不満そうにするさま」**のことを言います。

それに合って用いているのはBで、〈頬をふくらます〉でも同じ意味になります。

Aは、自慢げな表情のことを言っているので不適切です。この場合は、〈小鼻をうごめかす〉と言います。

Cは、意気込んで強気になるときの態度なので、〈鼻息を荒くする〉の誤用です。

24 後生《こうせい》おそるべし

A 「隣の子ね、乱暴でうちの子なんかもいつもいじめられてるのよ。あのまま大きくなったらどうなるんでしょ」
「ほんとうに、**後生おそるべし**よ。そのころ近くにいなければいいけど」

B 「君、後輩をあなどっていると、あとで困ったことになるかもしれないぞ」
「**後生おそるべし**というわけか。だからこそ、力が上の今のうちに、たくさん威《い》張《ば》っておくんだよ」

C 「うちの父親は年のせいか、**後生おそるべし**という気持ちになってきて、なんでも善行をしておきたいと思っているみたい」
「もともと信仰心のある人ですもんね。来世で苦しみたくないんでしょ」

正解　B

まず、「後生」であって「後世」ではないことに注意が必要な言葉です。よくある誤解はCで、これは「後世」と混同してしまっています。

「後生」というのは「後に生まれた人」つまり**「後輩」「後進の者」**ということで、「先生」が「先に生まれた人」のことであるのに対する言葉です。**「そういう人は、今後の努力や研究しだいでどれほどの力を身につけるかわからないので、おそれなければならない」**という意味なので、Bが適切な用法になっています。

「おそる」は、「恐る」と書いてしまうこともありますが、畏敬《いけい》するという意味の「畏《おそ》る」が本来の字です。

Aは、成長後のこととして使っており、「おそる」も「恐る」を意味して使っているので、二重に誤用です。

25 敷居《しきい》が高い

A「伯母《おば》さんのところへお見舞いに行かなけりゃならないんだけどね、どうも長くご無沙汰《ぶさた》しているもんで、**敷居が高くってね**」
「ふだん親戚《しんせき》の義理を欠いているからそうなるのよ」

B「今やってる研究の疑問点を清原先生のところに質問に行きたいんだけれども、どうも**敷居が高くて**」
「そりゃ、なんといっても学界の権威だからね」

C「どうしてあなたは長谷川さんと話をしないの？」
「どうもあの人との間は**敷居が高い**気がして、気軽に口をきこうという気にならないのよ」

正解　A

よく使う慣用句として、間違った使い方のほうが多い言葉の一つです。

Aの例が語源にかなった適切な使い方で、**「不義理をしたり面目《めんぼく》ないことをしていたりしたためにその人の家に行きにくい」**というときに用いる言葉です。この場合、「敷居」とは具体的に、玄関の内と外との仕切りとなっている横木のことで、それが高く感じられて跨《また》ぎにくいということです。

Bが非常に多い誤用で、相手に権威を感じて気が引けてしまうという使い方です。店が高級すぎて入りにくかったり、品がよすぎて近づきにくかったりするときに使うのも同種の誤用で、これがかなり多く見られるようです。

Cのように「障壁《しょうへき》が高い」「隔《へだ》てが大きい」という意味合いでの使い方もしません。

26 予定は未定

A「早く予定を立てろって催促されているんだけど、今のところ不確定要素が多いから、**予定は未定**」

「そうだよね。わからないのに無理に立てたらかえってまずいもんね」

B「原稿書きの予定をゆったり組んでいたのに、編集者に急《せ》かされてかなり無理をしちゃったよ」

「まあ、**予定は未定**だからね、組んだとおりにはいかないよ」

C「人間の未来は予定されているって説をどう思う?」

「信じる人はそれでいいわけだけど、僕はどんなことでも**予定は未定**だと思うよ。遠い未来まで予定されているはずはないさ」

正解　B

辞書に載っている慣用句ではありませんが、よく使われているものです。

「予定」は「予《あらかじ》め定める」もののことで、「未定」は「未《いま》だ定まらず」ということですから、**「予定はそのまま実現しないことが多いため未定と同じ」**ということです。

したがって、Bの使い方が慣用句的な用法となります。

予定がそのとおりにいかないのは、予定していたときに計算していない不確定要素が加わってくるからですが、それをはじめから見越して「予定は立たない」としているのがAで、こういう使い方は慣用句的なものではありません。

Cは、キリスト教の「予定説」のようなもののことを言っていますが、これを否定するならばただの打ち消しでよいので、「未定」というのはふさわしくありません。

27 習い性となる

A

「接客の仕事でいつも笑顔でいると、それが**習い性となってしまって**、どんなときでも笑顔でいないとおかしいような感じになってきちゃった」

「それが自分本来の表情になったのなら、演技的じゃなくてなおいいじゃない」

B

「やっぱり師匠についての稽古《けいこ》というのはたいしたものね。教室に通っているうちに、この歳になって字が上手になってきたことがわかるもの」

「習ったことが身についた力になってきたわけだから、**習い性となる**の好例だね」

C

「単身赴任をしているうちに、洗濯がお手のものになっちゃったよ」

「うちにいたときには考えられもしなかったのにね。あなたに洗濯が『**習い性**』**になった**なんて、なんでも環境によるということよね」

正解　A

まず、この言葉は切り方と読み方が問題で、「習い」を主語として切って、後を「性《せい》となる」と読みます。つまり、**「習いが性になる」ということ**です。ところが、現代人としては、「習い」で切るより「習い性《しょう》、となる」のほうが言いやすいので、Cのように勘違いしていることが多く、読みも違ってしまうようです（このため、標題には読みがなをつけませんでした）。

次に、「習い」は習慣のことであって、Bのような稽古《けいこ》・練習などの意味ではありません。「性」も、生まれつきの性格のような意味で、何かの実力というようなことではありません。したがって、Bは二重に誤っているわけです。

正しいのはAのような使い方で、**「いつも繰り返して習慣となったことが、そうしないではいられない性質、生まれつきの天性のようなものになる」**という意味です。

28 悔《く》いはない

A 「ねえ、あなたさあ、この国に生まれてどう思う？」
「今の日本はずいぶん悲観的なことも多いけど、それはそれで受け入れて生きなけりゃならないんだよ。ここに生まれたことに**悔いはない**ね」

B 「ずいぶん思い切った就職の選択をしたね、大丈夫かい？」
「うん、収入だけならもっといい仕事もあったけど、僕はこれが好きだからいいんだ。このことに**悔いはない**よ」

C 「まあ、我々の結婚生活もいろいろあったけど、なんとかやってこられたな」
「けんかしたり黙りあったり、いろいろあったわね。それでもさ、わたしはあなたと結婚したことに**悔いはない**わよ」

正解　C

これは慣用句とまで言えませんが、誤った使い方に触れることも多いので、それに準じて取り上げました。

「悔い」というのは、自分で選んで行ってきたことに対して感じるものなので、この言葉は、**「過去の選択・行動に現在となって後悔することがない」**というときに用いるのが適切です。

したがって、Cのように**時間が経過した後に使う**ものですが、若い人が進路を選択したときに、Bのように使う場合がよくあるようです。これは、まだ悔いを感じるかわからない段階なので、「悔い」の用法として不適切だということになります。

Aのように自ら選択して生まれるわけではない、という場合にも無理な用法です。

29 さや当て

A 「わたしがちょっとほかの男の人と仲良く話したらさ、彼ったら変に**さや当て**するようなことを言うのよね」
「それだけあなたが大切だっていうことじゃないの。ごちそうさま」

B 「あなた、啓子に気があるんでしょ。最近どうもあやしいわよ」
「何を証拠にそんなことを言うんだよ、あるなら見せてみろ。**さや当て**でものを言うなよな」

C 「君は、なんだってな、あの子をめぐって恋の**さや当て**をしているんだそうじゃないか。ライバルはだれだい?」
「変なこと聞きかじってくるなよ。さや当てじゃないさ、僕一人のものだ」

正解　C

漢字をあてれば「鞘当《さや》て」であり、武士が道で行き違うときに刀の鞘が触れたのを互いにとがめて争うことからきた言葉で、一般には、ささいなことから起こるけんかや争いのことを言います。

それが一つの場合に固定して使われるようになったのが、Cの用法で、**「一人の女性をめぐって二人の男性が争う」**ことです。ずばりこのように**「恋のさや当て」**と言います。現在では、**一人の男性をめぐって二人の女性が争うことに用いても誤用ではない**でしょう。

Aは、皮肉な言い方や態度に対して用いており、それならば、〈当てこすり〉〈当てつけ〉と言うべきです。

Bは、勝手に推《お》し量《はか》っていることなので、「当て推量」の間違いです。

30 身につまされる

A

「おい、そんなにのんびりしていていいのか。そろそろお前のほうに危ない話が振られそうだぞ」

「平気だよ、まだそれほど**身につまされて**はいないだろ」

B

「まいったなあ。今度の企画を**身につまされて**しまったよ」

「まあ、今度のやつは大きいから責任が重いからな。同じ課のものとしては同情しますよ」

C

「ねえ、聞いた？　井口さんのご主人、残業続きで過労死なさったんですってね。奥さんもお気の毒に」

「聞いた。ほんとうに**身につまされる**話よね。人ごとじゃないわ」

正解　C

もとは「身に抓《つ》む」で、自分の身をつねって人の痛さを知るということです。それがこの形になると、**我が身に引き比べて他人の不幸などに同情する**というような意味で用いられることになります。また、**「身につままれる」という言い方は誤り**です。

Cが正しい使い方になっており、そこで言っているように、悪いことが人ごとでなく思われるという意味で用います。

Aは、危険が迫っているというような意味になっているので、特に慣用句にまでなっている言葉ではありませんが〈身に迫る〉と言うべきです。

Bは、自分が責任をもたされたのですから〈身に負わされる〉であって、相手のほうが「身につまされる」を用いるのが適切です。

31 寝覚《ねざ》めが悪い

A

「僕も人を裏切ったことがあるからな。そのせいで大橋君が窮地《きゅうち》に陥《おちい》ったときには**寝覚めが悪かったよ**」

「良心というものがあれば、そうなるのが当然ね」

B

「なんか悪いことが起こるんじゃないかな、今日はひどく**寝覚めが悪かったんで**気になるんだよ」

「悪い夢を見たんじゃないの、気のせいよ」

C

「ずいぶん疲れた顔をしているね」

「うん、よく眠れないで**寝覚めが悪い**んだよ、夢ばかり見てね。どこか内臓がやられてるのかなあ」

正解　A

反対語に「寝覚めがよい」があって、これは心にやましいところがなく寝覚めの気分が爽快《そうかい》だということです。

その逆ですから、**「自分の過去のやましい行為を思い出して良心に責められるために寝覚めの気分がよくない」**ということです。

正しく使っているのはAで、**「人を裏切る」「良心」**と条件がそろっています。

Bは、悪い予感がするというような意味合いで使っていますが、これが夢を見たせいだというのなら、〈夢見が悪い〉と言うべきです。

Cは、夢をよく見ることから内臓が悪いのではないか、と心配をしているわけですから、これに当てはまる慣用句は〈夢は五臓の疲れ〉です。

32 渡りをつける

A「この時間内に現地まで移動するとなると、うまく**渡りをつけて**おかないとまずいぞ」
「そうだよなあ。先進国内ならインターネットでなんとでも調べようがあるだろうけど、この国ではな」

B「笠原さん、僕、不慣れなもんで今度の仕事がひどく心配なんですけど、もしもの場合は助けてもらえるでしょうか」
「ああ、いいよ。ちゃんと**渡りをつけて**あげるから大丈夫」

C「君、今度の件について、先方に**渡りをつけて**あるんだろうね」
「そこはご心配に及びません。それが渉外係の職務というものだと心得ていますから、うまくやってありますよ」

正解　C

この「渡り」というのは、人間どうしをつなぐことを意味しています。ですから、それを「つける」というのは、基本的には**「話し合いのきっかけをつくる」「関係をつける」**ということで、さらに、**「了解を得るように交渉をする」**というところまで進んでも用いることができます。

Cが、「先方に」「渉外係」と言っていますから、人間どうしの関係のことになっているので、適切な用法です。

Aは、具体的に場所を渡る意味で、交通ルートを確保するような使い方ですが、この場合、慣用句の用法だけでなく「つける」という動詞も不適切です。

Bは、人間関係のことではなく、ものごとがうまくいくようにするという使い方になっているので、用法がズレています。

33 竹馬《ちくば》の友

A 「君と小中君は、実に理想的な仲だね。互いに信頼し合っていることがわかるよ」
「まあ、小中は僕の**竹馬の友**だからな。あいつに裏切られるなら仕方ないと思ってるくらいだからね」

B 「うちの子とおたくの子はほんとうに仲がいいのね。いつでもいっしょで、大きくなってもそのままでいてほしいわ」
「そうねえ、こういう**竹馬の友**はいつまでも続いてもらいたいわね」

C 「なんといっても**竹馬の友**というのは懐かしいものだな」
「そうだよ。なんだか記憶の底で覚えているような感じでな、それに比べると大学時代の友達は表面的な感じだよ」

正解　C

「竹馬」というのは、子供の遊びの竹馬《たけうま》のことで、それに代表される幼い子の遊びを〈竹馬の戯《たわむ》れ〉、そうした遊びをする時期や年齢を〈竹馬の時〉〈竹馬の年〉といい、その時代を懐かしむ場合は〈竹馬の昔〉です。

したがって、この言葉は、幼いころにいっしょに竹馬に乗って遊んだ友、つまり、**「幼ともだち」「幼なじみ」**のことを言います。実際に竹馬で遊んだ必要はありません。

Cが、そういう時代の友達を意味して用いていると判断できるので、適切です。

それに対してBは、現在幼い者どうしのことを言っており、用法としてズレています。慣用句としては、あくまでも、幼いときから、ということが条件になります。

Aは、現在信頼しあっている友達というだけで、「竹馬」に意味がないか、〈刎頸《ふんけい》の友〉（相手のために首を斬《き》られても後悔しない仲）ととりちがえています。

34 住めば都《みやこ》

A
「どうしたって、暮らすなら都会じゃないと不便よね。遠くまで行かなくたって面白いこともたくさんあるし」
「**住めば都**だからな。特に若いうちはそう考えても仕方がないさ」

B
「うちなんか狭いし、もっといい所に住みたいと思うけど、旅行なんかから帰ってくるとやっぱりホッとするのよね」
「そういうもんだよ。どこだって**住めば都**ということさ」

C
「あなたの部屋、ずいぶん華やかになったわね」
「うん。引っ越してきたころは何もなかったけどね、だんだん手を加えて、**住めば都**の状態にしたのよ」

正解　B

少し文法の話になります。古文で「未然形《みぜんけい》＋ば」は《仮定》、「已然形《いぜんけい》＋ば」は《確定》です。つまり、「住まば都」は「もし住むとするならば」、「住めば都」は「住んでいると」というような意味になります。

Aは、まだ住んでいるわけではなく、住むなら都にかぎるというような意味で使っているので、これは〈住まば都〉というあまり使われていない慣用句になります。

それに対して、Bは、すでに住んでいることを受けてのことで、これが〈住めば都〉であり、**「どんな所でも住み慣れるとそこが居心地よく思われてくる」**というような意味になります。つまり、より精神的な意味合いの強い言葉であるわけです。

Cは、住んでいるうちに都のようにしたということで、言葉としても間違いです。

35 雀百《すずめひゃく》まで踊《おど》り忘れず

A 「わたしの祖父は小さいときから、高い所に登りたがるくせがあるんだって。スカイツリーなんか、無理して初日に行ったよ」
「そういうのを、**雀百まで踊り忘れず**って言うんでしょうね」

B 「**雀百まで踊り忘れず**って言うじゃない。あれと同じで、わたしの祖母も一度覚えた盆踊りの曲目をみんな踊れるのよ」
「『アラレちゃん音頭《おんど》』まで踊れるんだってね、そんなもの覚えてる人少ないよ」

C 「歴史のある家柄っていうのは、やっぱりそれなりのことはあるな」
「うん、**雀百まで踊り忘れず**って言って、百代は大げさでも、代々伝わった家の伝統芸というのもあるわけだよ」

正解　A

この言葉の「百」というのは、ことわざ・慣用句によくある大げさな言い方で、「百歳」は「かなりの年齢」、さらに「死ぬまで」を意味しています。それを百歳まで生きるはずのない「雀」を使って表現しているところが、かえって慣用句らしいとも言えます。また、「踊り」というのは雀の飛び跳ねるくせのことです。

全体として、雀は死ぬまで飛びはねるくせが抜けないように**「人が幼いときに身につけた習慣は年をとっても直らない」**という意味になり、Aがその用法です。

Bは、会話内容からして、「百」を百種類までも忘れないという意味にとっているので、不適切です。

Cも、会話から、百代続くの意味で用いているので、これも不適切です。

36 二の足を踏む

A 「はじめは絶対買うつもりで行ったんだけれどね、値札を見て**二の足を踏んじゃった**わよ」
「そりゃ、その値段ではためらっても仕方ないね」

B 「あの地下街はあんまり複雑で姉が迷ってしまったって聞いたから、わたしは注意して行ったんだけど、やっぱり迷っちゃった」
「なんだ、結局お姉さんの**二の足を踏んだ**わけだ」

C 「兄が一人では大変そうだから、手伝いに行ってきたよ」
「ほう、兄さんに助力をしてきたわけか。だれにせよ、**二の足を踏んで**助けてあげるのはいいことだよ」

正解　A

まず、Bは、人のした失敗を繰り返す意味の〈二の舞を踏む（演ずる）〉と勘違いしています。こちらの慣用句のほうがなじみがよいので、よく間違えるようです。

それに対して、〈二の足を踏む〉は、語源は一歩目は進みながら二歩目はためらって足踏みするということで、慣用句としては単に**「ためらう」「しりごみする」**という意味で用いますから、Aのような使い方になります。

Cは、補助するの意味で使っているので、まったく見当違いです。

ついでに、「二の腕」というのは、腕の肩からひじまでの部分を言いますが、これは比喩《ひゆ》に使う言葉ではありません。

37 耳をそろえる

A 「意外だったけど、鈴木さんのカラオケうまかったよね」
「ほんと、あのハスキーボイスがなんともいえなかったね。みんなが**耳をそろえて**聴いてたじゃない」

B 「遠藤さんをリーダーに選んだんだからさ、あの人が決めたことは**耳をそろえて**聞かなけりゃだめだよ」
「そうだよね、みんながそれに従わないと選んだ意味がないもんね」

C 「頼むからできるだけ金を貸してくれよ。緊急にいるんだ」
「貸したっていいけどさ。たくさん貸してバラバラに返されても困るんだよね。ちゃんと**耳をそろえて**返すんならな」

正解　C

この場合の「耳」は、大判・小判の縁《ふち》のことで、それをそろえてまとめるように、**「全額をそろえて用意する」**という意味です。

これは、「耳」が何の比喩《ひゆ》なのか現代の人にはわからないので、単にこの言葉だけでは意味がとれないはずですが、Cのような用い方をした場合、はじめて聞いても感覚的に理解できるのが面白いところです。

ただし、現在では、ほとんどCのように借金を返済するときにしか用いなくなっており、資金としてそろえるというような用法は見られなくなっているようです。

実際の「耳」の意味ではないので、慣用句としてならばAのような使い方はなく、また、Bのように意見を聞くということの比喩として用いることもありません。

38 目が据《す》わる

A「白井さんは、なんといっても**目が据わっている**からな、頼もしいよ」
「何があっても動じないもんね。急場になってもあれだけ落ち着いていられればたいしたものだよ」

B「おい、あいつ大丈夫か、かなり呑《の》んでるぞ」
「ほんとうだ、**目が据わってる**もんな。このままならまだいいけど、からみ酒になったらまずいなあ」

C「あなたはこういう小物に**目が据わってる**からいいわね」
「うん。自分で言うのもなんだけど、どこに行ってもこういうものは必ず見て歩いてるから、ちょっと自信はあるね」

正解　B

この言葉は、**「目の玉がじっと一点を見つめて動かなくなる状態」**を言ったもので、**特に「酒に酔ったり怒ったりしたときの様子」**を表したものです。

Bがそのように酒を呑んだときの様子を言っており、まさにこの慣用句の由来どおりです。

Aは、落ち着いていてものごとに動じないことですから、「据わっている」を使うならば〈肝《きも》が据わっている〉と言うべきところです。

Cは、同種のものをたくさん見てその価値を見分ける力がついていることを言っていますから、「目」を使うならば〈目が肥える〉でなければなりません。

39 竹を割ったよう

A
「今日の勘定《かんじょう》はみんなでワリカンにしようよ。いつも井出さんに多く出してもらっちゃ悪いもの」
「そうだそうだ。**竹を割ったように**きれいにいこう」

B
「あの人はまったく**竹を割ったよう**だから、なんとも気持ちがいいよ」
「それに比べると倉谷さんはなあ、陰険でねじくれてるし、なんでも根にもつからかなわないね」

C
「まったくお前の頭は**竹を割ったようなもの**だな。中身がまるでないじゃないか」
「そんなひどいことを言わないでくださいよ。これでも、本くらいは何冊も読んでるんですから」

正解　B

竹を縦に割るとまっすぐに割れることに由来した言葉で、**「人の性質がさっぱりしてわだかまりがない」「気性に陰険さや曲がったところがない」**ことを表す慣用句です。さっぱりしたイメージを強めるときには〈青竹《あおだけ》を割ったよう〉と言います。

Aは、竹がきれいに割れることから用いた表現になっていますが、慣用句としてこうした使い方はありませんし、人の性質として用いていないのもズレています。

Bが、人の性質のことを言っており、あとの会話内容がその逆の意味の説明になっているので、適切に用いていると判断できます。

Cは、竹を割ると中身がからっぽということからの表現ですが、こうした悪い方向に使うのは誤用です。俗に、こういう状態は「ピーマン」で表すようです。

40 いざ鎌倉《かまくら》

A 「いよいよ念願のアルゼンチン旅行だね。おお、ブエノスアイレス！」

「昔の武士なら、**いざ鎌倉**というところかしら。タンゴファンなら、一生に一度は行ってみたい場所だもんね」

B 「さあ大変だ。こんなところでまごまごしちゃいられないぞ。**いざ鎌倉**だ、急いで戻らなきゃ」

「なんだ、本社で何かあったのか」

C 「おい、支度《したく》をしてくれ、**いざ鎌倉**だ。先生が大変なことになったらしい。恩を返すチャンスが来た」

「ほんとうにお世話になった方ですものね。すぐに行ってさしあげて」

正解　C

この言葉は、鎌倉時代、幕府に大事件が起こると諸国の武士が鎌倉に召集されたことに由来しています。

慣用句としては、義務として**「すぐにも駆けつけなければならない」**という意味と、義務的なものでなくとも**「一大事が起こった場合」「いよいよ行動を起こすとき」**という意味に用いられます。

BとCは似ていますが、もといた所に戻るという点でBはズレています。Cのように、一大事が起こった所にこちらから行くのでなければなりません。

Aは、念願の場所、またはある分野でのあこがれの中心地に行くというような意味に用いていますが、当時の武士にとって鎌倉には精神的にそういう意味合いはなく、これならばイスラム教徒にとってのメッカが適切でしょう。

41 同日《どうじつ》の談《だん》

A 「この仕事とこの前の件と、**同日の談**で片づけるのはどうだろうか」
「それはちょっと無理だろう。違う仕事なんだから、いっしょにというわけにはいかないよ。別の日にしよう」

B 「麻雀《マージャン》なんて運のものかと思ってたけど、この前佐藤さんとやったら、実力差というものがあるのがわかったね」
「そりゃ、いつもやってる我々とあの佐藤さんじゃ、腕前が**同日の談**ではないよ」

C 「たまたま入ったけど、この店の料理おいしいね。もっと値段の高い店と同レベルに感じるけどな」
「そうね、わたしも**同日の談**のように思う。いい店を一つ見つけたわけだ」

正解　B

ここでは出題の都合で「同日の談」だけを標題としましたが、実際にはCのような「同日の談」「同日の談にあらず」という打ち消しを伴った形で使います。

二つのことがらを比較したときに、**「同じレベルでは論じられない」「とても同レベルではない」**ということを言う言葉で、Bがそういう用法になっています。

また、あることがらが**「ほかの同類のものとの比較を絶している」**ようなときにも、「ほかと同日の談ではない」というような使い方をします。

この場合、「同日」といっても「日」に意味はなく、Aのような実際の「同じ日」のような時間的な使い方はありません。

「〈同日の論〉ではない（にあらず）」という言い方もします。

42 快刀乱麻《かいとうらんま》を断つ

A
「いやあ、このあいだの若林さんの捌《さば》きは見事だったね」
「まったく、**快刀乱麻を断つ**っていうのはあのことだね。あのもつれた件にきれいに片をつけたからね」

B
「君はこんな面倒な問題をよく解く気がするね」
「それが面白いんじゃないか。複雑なところを**快刀乱麻を断つ**ように答えを見つけるというのが数学の快感だよ」

C
「最近はどうも犯罪ばかり多いから、なんか**快刀乱麻を断つ**ような小説でも読んで、すっきりした気分になりたいね」
「そうだな、多くの悪党をこらしめて高笑いするようなやつがいいね」

正解　A

これは、よく切れる刀で乱れた麻を切るということで、**「もつれたことがらを見事に処理する」**ことのたとえとして用いられます。

実際に「切る」かどうかは問題ではなく、結果としてきれいに解決できていればよいわけで、Aの用い方が適切です。

同じように見えても、決まった解答を見つけるような場合には用いず、Bのように複雑な問題を解いて答えを出すという意味にはなりません。

言葉のイメージからすると、Cのように実際の刀を振るって悪党をバサバサ切っていくようで、たしかにドラマや時代小説にぴったりのように思われますが、これはそういう意味の言葉ではありません。

43 マッチポンプ

A 「何事もさ、はじめるだけなら簡単だけど、それがまずい事態になったときに終わらせることができるようにもしておかないと」
「つまり、**マッチ・ポンプ**をともに用意しておけということだな」

B 「うちの女房が、何かアウトドアの趣味をもてというから釣りをはじめたらさ、熱中してきたもんで今度はやめろと言うんだよ」
「そりゃ**マッチポンプ**だな。言い出しておいてやめさせるのか」

C 「赤谷さんと黒川さんて、いい取り合わせよね」
「まったく、赤谷さんが何かやり出して、黒川さんがそれをうまく抑えるのよね。**マッチポンプ**のいいコンビだわ」

正解　B

最近では火をつけるのに「マッチ（燐寸）」を使わなくなってきているので、それだけでもわかりにくい慣用句かもしれません。「ポンプ」は消火用のものです。

その両方を合わせて言葉にしたものですが、一人二役でマッチで火をつけてポンプで消火すること、つまり、**「自分でことを起こしておいてから、それを収拾しようとする」**こと、または、**「そういうことをする人」**のことです。

ここではBがその用法になっていて適切です。また、**自分で問題やもめごとを起こしておいてから収拾をもちかけて報酬を受け取ろうとする、**という用法もあります。

Aは、道具としてのマッチとポンプを言っているのがズレており、このように「マッチ・ポンプ」と区切って記すこともありません。

Cは、マッチとポンプが別々の人の組み合わせになっているのが不適切です。

44 底《そこ》が割れる

A

「あいつくらい、うその下手《へた》なやつもないね」

「うん。話しているとすぐに**底が割れて**、隠していることがみえみえになっちゃうもんな」

B

「実験を繰り返しているんだけど、何度やっても**底が割れて**しまって、成功の見込みが立たないのよ」

「底堅《そこがた》い研究というのは難しいからね」

C

「企画は今のところ順調に進んでいるけれど、いつ予算の**底が割れる**か心配でならないんだよ」

「金の切れ目が縁の切れ目だからな。危ないところだね」

正解　A

　この言葉は、底が割れるとどういう状態になるのか、という比喩《ひゆ》がピンときにくいわりには、よく使われているようです。

　慣用句としての意味は、会話などで**「うそやほんとうの目的がすぐに相手に見破られてしまう」**ということです。したがって、Aがちょうどその意味で用いていて適切です。

　また、芝居や映画などを見ていてすぐに筋がわかってしまう場合にも用います。

　Bは、「失敗する」の意味で用いているので不適切であるうえに、それを受けて相手が言った〈底堅い〉は、下がってきた相場があるところから下がらない状態を言うので、二重に誤った用い方をしている会話ということになります。

　Cも「底」のつく慣用句として、予算などに用いる〈底を突く〉の誤りです。

45 大事《だいじ》の小事《しょうじ》

A

「夏目漱石《なつめそうせき》の作品は日本では有名だけれど、世界的文学とは言えないからなあ。やっぱりトルストイにはかなわないよ」

「たしかに世界的な比較でいうと、**大事の前の小事**という感じだね」

B

「この仕事もやってみたいとは思うけれど、今は大企画を進めている最中だからねえ、どうしようか」

「やめときなさい、**大事の前の小事**よ。大切なことにかかりきらなきゃ」

C

「**大事の前の小事**を片づけておこうか」

「そうしなさい。大仕事に本気になったときに余計なことが気にならないようにしておくのがいいよ」

正解　B

この言葉は、「前」の意味のとり方が問題で、「時間的なこと」と「いっしょに並べること」の、二つの意味で用いることができます。

ここでは、Bが同時に「大事」と「小事」という二つのことがらを並べて優先順位を比較しており、**「大事を行おうとするときは小事にかまってはいられない」**という意味で適切な用法です。

Cは時間的なとり方をしていますが、この慣用句の時間的な用法としては、「大事を行う前にはどんな小事にも気をつけて油断してはならない」ということでなければならず、「気になることを片づけておく」では意味がズレています。

Aも、並べて比較する意味にとっていますが、「〜の前に出すと」というようなものごとの価値を比較する用法はこの慣用句にはありません。

46 度を失う

A

「佐伯さん、ショックで**度を失って**るみたいね」

「ほんとうだ、何言ってるのかまったくわからないし、動作もひどく取り乱してるもんね」

B

「さっきの君の発言は、すでに**度を失って**いたね。あれは課長が発言したすぐあとに言わなけりゃ意味ないよ」

「すぐに言おうと思ったんですけれど、ためらってしまいました」

C

「いくら熱心に働くといっても、沢村さんみたいに身体をこわしちゃなんにもならないよな」

「あの人はやることの**度を失って**いたんだよ、適度にしないとね」

正解　A

この問題は、それぞれ「度」の含まれる慣用句で言えることがらが選択肢の会話になっています。

Aは、**「ひどくあわてて平静を失う状態」**のことを言っており、これが標題の言葉の適切な使い方になっています。心を取り乱して言動が平常な様子でなくなってしまうことで、四字熟語でいうなら「周《しゅう》章《しょう》狼《ろう》狽《ばい》」というところです。

Bは、「タイミングを失する」という意味合いで用いています。これならば、現在あまり見かけませんが〈度が抜ける〉になります。

Cは、「程度が通常より過ぎている」ことなので、〈度が過ぎる〉〈度を過ごす〉を用いるのが適切です。

47 行《い》き掛《が》けの駄賃《だちん》

A 「この前、工事で行った先の隣の人からちょっとしたことを頼まれてさ、**行き掛けの駄賃**になったよ」

「そういうついでの仕事で儲《もう》けられると、一番得した気分になるな」

B 「あれはないよな。いくらついでにやってあげたにしろ、**行き掛けの駄賃**というものはもらわなきゃね」

「ほんとに。なんでもただでサービスだと思ってるんだから困っちゃう」

C 「ずいぶん安くしてもらってすまないねえ」

「いえいえ、ついでの仕事の料金は**行き掛けの駄賃**としてのものですから、このくらいのサービスはさせていただきます」

正解　A

この言葉そのものは、馬子《まご》（馬を使った運送業者）が問屋などへ荷物を受け取りに行くついでを利用して、よその荷物を運んで得る手間賃のことです。そこから、**「あることのついでにほかのことをして利益を得る」**ことを意味するようになりました。

慣用句として重要なのは、利益そのものでなく、そのことがらを示すという点です。

また、**「悪事のついでに別の悪事をする」**という場合に用いることの多い言葉です。

Aは、悪事ではありませんが、慣用句としての用法どおりであり、**利益そのもののことでなく、ことがら全体を表している**ととれますので、適切です。

Bは、利益としての「駄賃」そのもののことしか言っていないので、不足です。

Cは、「行き掛け」には「安い駄賃」の意味合いはないので誤りです。

48

横車《よこぐるま》を押す

A
「何か**横車を押す**ような企画はできないもんかね」
「そうはいっても、そんなに斬新《ざんしん》なアイディアというのは、そうそう浮かぶもんじゃないだろうよ」

B
「あいつと話しているとほんとうに勘が狂うよ。どうしてあれほど人の言うことととズレた答えをするんだろう」
「まったく、いつでも**横車を押す**ようなアホな反応しかしないもんな」

C
「順当なら今度の課長は河本さんのはずなのにね、専務の一言で金田さんに決まったらしいよ」
「いつものことよ。人事でもなんでも**横車を押す**ようなことばかりするんだから」

正解　C

「横車」というものがあるわけではなく、もとは「横に車を押す」であるところを、それこそ慣用としてこの形で使われている言葉です。

車を前後に動かすべきところを横に押して動かすということから、**「理に合わないことを無理に押し通す」「理不尽なことを強引にする」**という意味で用いられます。

Aは、横に押すことを「斬新」の意味にとっており、新機軸を打ち出すような使い方になっているので、まったく用法が違います。

Bは、「勘が狂う」「アホな反応」と言っており、言わば「とんちんかん」の意味で使っているので、これもズレた用い方です。

Cが、まさにこの慣用句の用法で、特にこうした人事などでよく用いられます。

49
肝《きも》にこたえる

A

「このあいだの先生の言葉は**肝にこたえた**なあ。しばらくショックで沈み込んでしまったよ」

「まあ、あれだけきついことをはっきり言われれば、そうなるね」

B

「このあいだの先生の言葉はしっかりと**肝にこたえた**よ。決して生涯忘れることはないと思うな」

「ありがたいことね。生涯胸にきざんでおける言葉ができたなんて」

C

「このあいだの先生の言葉を聞いてどう思った？」

「いやあ、さまざまにとれる言葉だったから、あれからずいぶん**肝にこたえて**対応に悩んでしまったよ」

正解　A

ここで挙げたものは、すべて「肝」を用いる慣用句で表現できることがらです。

Aは、ショックを受けたということで、慣用句としてはこれが適切です。**「心に強い衝撃を受ける」「深く心に感じる」**という意味になります。

Bは、「言葉を生涯胸にきざんでおく」ということですから、これならば〈肝に銘《めい》ずる〉でなければなりません。「銘ずる」がそのような意味の動詞です（これを「命ずる」とするのは誤りです）。

Cは、聞いたときのことではなくそのあとの対応のことを言っていますので、ズレています。「さまざまに対応に悩む」ということですから、「肝」を用いるなら、あれこれと思い悩むという意味の〈肝を砕《くだ》く〉とするところです。

50 芝居がかる

A「井上先生がものを言うときって、なんだか動作も大げさで、かえって真実味が感じられないと思わない」

「ほんとにね、ちょっと**芝居がかり**すぎてるよね」

B「小池先生って、なんでも歌舞伎《かぶき》の台詞《せりふ》で言おうとするけど、どうかしらね」

「まったく。歌舞伎が好きなのはいいけれど、自分もすぐに**芝居がかる**というのが滑稽《こっけい》だよね。所作《しょさ》までするし」

C「政治家というのは、演説するときに**芝居がかる**ことも必要なんだよ。君のようにただ言葉だけで説得しようとしても限界があるぞ」

「そうですねえ、ヒトラーも鏡の前で動作の研究をしたと言いますからね」

正解　A

「がかる」というのは、上の名詞に「〜のようになる」という意味を添える接尾語《せつびご》で、「神がかる」などと使います。

つまり、標題の言葉は芝居のようになるということですが、そこから、**「ものの言い方や動作が芝居のようにわざとらしくなる」「誇張されていかにも大げさだ」**という意味になり、一般に否定的な意味合いで使われます。

Aは、大げさで真実味がないということですから、適切な用法です。

それに対して、Cは動作などに演技力があるというような意味であり、Aとは逆によい意味で用いているので、誤用です。

Bは、歌舞伎そのもののことを言っているので、慣用句の用法になっていません。

51 棒を呑《の》んだよう

A

「石橋さん、**棒を呑んだように**黙り込んでるね」

「なんだかひどくショックを受けて言葉が出なくなっちゃったらしいよ。昨日から一言もしゃべらないもの」

B

「高関さん、何かショックを受けたのかなあ。長いことじっと立ちっぱなしのままだよ」

「うん、**棒を呑んだように**なってるね。硬直してるみたい」

C

「君の弟の**棒を呑んだような**性格はもう少しなんとかできないのかね」

「ええ、小さいときから皆に言われてきたんですが、融通がきかない点がどうしても直らないんですよ」

正解　B

小説などではよく見かける表現ですが、一般の辞書にはなく、大きなことわざ辞典のレベルでないと記載されていない言葉です。

比喩《ひゆ》としてわかりやすい言葉で、まさに棒を呑み込んだように、**「まっすぐ動かないで立っている」「立ちすくんで動かない」**という様子を表しています。

ここでは、Bがそのように硬直した感じになっているわけで、適切です。

Aは、棒を呑んでしゃべれなくなってしまったという意味合いで用いているので、比喩がズレています。

Cは、杓子定規《しゃくしじょうぎ》な人間の表現として用いていますが、人間の性格について使うというのも用法が誤っています。

52 鉄砲玉

A 「あいつはもう帰ってきたのかい、まったく**鉄砲玉**の使いだね。ああいうのがいると何かと助かるな」
「なあに、早いだけが取り柄《とりえ》で、交渉したりできるわけじゃないんだよ」

B 「あいつはまだ帰ってこないのか、まったく何をやっているんだ」
「あんなのに使いを頼むほうが間違いなんだよ。いつだって**鉄砲玉**で帰ってきやしないんだから」

C 「君、これは大事な書面だ。使いに行ったら必ず受け取ってもらってくれよ」
「わかってます。相手が受け取ろうとしなかった場合には、**鉄砲玉**になって強く交渉しますから」

正解　B

選択肢の会話がすべてそうであるように、ふつうは「使い（使者）」のことに用い、〈鉄砲玉の使い〉という言い方もあります。

この「鉄砲玉」は、Aのように「早い」という意味ではありません。さらにAの場合、帰ってきているという点でも、比喩《ひゆ》がおかしくなっています。

適切なのはBで、**鉄砲を打ったら玉が戻ってこないように、使いに行ったきり帰ってこない**ことを意味しています。

Cは、交渉で押しが強いことを意味していますが、そういう用法はありません。

また、**便りを出したのに返事がない**ことも、鉄砲玉ということがあります。

53 買って出る

A「まいったよ。今年は自治会の班長の番なんだけど、総会に行ったら会長に推《お》されちゃってさ」
「それで**買って出ざるをえなくなった**わけだ」

B「子どもの属しているサッカーチームの監督を新しく決めることになったもんでね、**買って出た**んだよ」
「好きだからね、君は。それで名乗りをあげたわけだ」

C「まったく頭にくるよね、あの人は。あんまり突っかかるようなことばっかり言うからさ、けんかしてやったよ」
「そりゃ、そうなったら**買って出ないとね**」

正解　B

「買う」という言葉からすると、何かが売られて、それを買いに出るように思われますが、この慣用句はCのように相手から仕掛けられたことに対応するような使い方はしません。Cならば、〈売られたけんかを買う〉と言います。

Aも、売られたのとは違いますが、人から勧められたような場合に、それを引き受ける使い方なので、これも用法が合っていません。

この場合の「買う」は、自分からの動作を示していて、**「自分から進んで引き受ける」**ような場合に用います。

よく使うのは、けんかの仲裁役《ちゅうさいやく》を買って出る、というような場合で、頼まれないのに仲人《なこうど》をしようとするのも、買って出ていることになります。

54 何をおいても

A 「やっぱり、何を追求するにしても継続が一番大事だな」
「当然だろ。**何をおいても**努力の継続ができなければ、おうこと自体に意味がないじゃないか」

B 「昔の江戸っ子は、初鰹《はつがつお》を食べるためには女房を質《しち》に置いても、というくらい好きだったらしいね」
「今だって、好きなものごとのためには担保に**何をおいても**資金調達はしたいさ」

C 「親になってみれば、**何をおいても**子どもが大事だね」
「そりゃ、親は子どものためとなればなんでもするものさ。僕だって親になってはじめてわかったことだけどな」

正解　C

この問題では、「おいても」の「お」にあたる漢字を想定すれば、それぞれの選択肢の違いがわかりますが、正解の漢字は難しいので思い浮かびにくいと思います。

Aは「追」で、それを「追っても」とせず、古文的に「追いても」として用いていますが、これは無理な使い方です。

Bは「置」で、担保として質草《しちぐさ》を置くという意味で使っています。これは一般の言葉の使い方として無理はありませんが、慣用句の用法ではありません。

正しいのはCで、**「どんなものごとにも優先させて」「何はさておき」**というような意味合いで使います。漢字は訓読みとしては難しく、本来は「措《お》いても」ですが、「置いても」で代用しても誤りではありません。

55 体《たい》をなす

A

「今、立体ジグソーパズルで塔を作っているんだよ」

「へえ、そんなのがあるの。なんでも**体をなす**ような趣味をもっと、作品があとに残っていいよね」

B

「うちのおじいさんは毎朝一時間くらい散歩をするのが健康法でさ、雨の日が一番いやみたいだね」

「ははは。でも、そうして**体をなす**ようにしているのは立派ね。長生きできるよ」

C

「なんだこのレポートは。これじゃ文章の**体をなしてない**じゃないか。もっと首尾の整った文を書けよ」

「はあ、すみません。どうも文を書くのは苦手なもので」

正解　C

「体」は、何かのことがらの形・体裁《ていさい》のことで、この慣用句は**「ものごとがまとまった形になる・体裁が整う」**という意味で使う言葉なので、Cが適切な用法です。ほかに「やっと楽団の体をなしてきた」などと使います。

「ていをなす」と言ってしまうこともあるようですが、この場合の「体」は「たい」が正しい読み方です。

慣用句としては造形物のことには用いないので、Aのように具体的な形をもつ物について使う言葉ではありません。

また、身体のことでもないので、Bのような、身体の健康を保つというような用法はありません。

さらに、「なす」「成す」であって「為《な》す」ではないので、Bが身体を動かすという意味で使っているならば、その意味でもズレています。

56 押しが強い

A「石黒さんは**押しが強い**から、こういうときには頼もしいな」
「これほど混乱したときに人をまとめるにはほんとうに適任だから、ああいう人がいて助かるよ」

B「みんなで相談してことを決めようというのに、金原さんはいつでも自分の言い分を無理やり通そうとするから困る」
「まったく**押しが強い**ものね、みんなたじたじよ」

C「いやあ、参った。あちらの担当はおとなしそうな顔をしてるけど**押しが強くて**、最後のところが落ちないんだよ」
「君の得意の押しの一手が通らないんじゃ、そうとうな強さだな」

正解　B

この言葉は同種の表現が多く、〈押しが重たい〉〈押しが堅い〉〈押しがよい〉と言っても同じ意味になりますが、意味のイメージからすると、やはりこの表現がわかりやすいようです。

意味は、**「どこまでも自分の意思どおりに強引にことを運ぼうとする」**ということで、**「あつかましい」**の意味にもなります。

Bがその意味で用いていて、適切な表現になっています。

Aは、そうした強引さではなく、「他人を従わせる威力がある」という意味なので、これならば〈押しが利《き》く〉になります。

Cは、守る側のことについてなので、まったくズレた表現になっています。あとの会話の〈押しの一手〉は、目的に向かって攻勢一点張りである姿勢を言います。

57 つかぬこと

A 「君はねえ、気《き》宇《う》壮大《そうだい》なのはいいんだけれど、予算というものを考えれば、とてもその企画は通せないね」

「そうですか。やっぱり我が社には**つかぬこと**ですか、残念です」

B 「那須さんて、いつも**つかぬこと**ばかり言うのよね」

「ほんとに意味のないことばかり言って、あれでみんなに受けようと思ってるのがどうかしてるわ」

C 「あなた、急にそんなことを言い出してどういうつもりなのですか。まったく今までの話と脈絡がないではありませんか」

「はあ、**つかぬこと**とは思いましたが、どうしても伺いたくなったもので」

正解　C

この「つかぬ」は、前に出ていたことがらと「付かぬ」、つまり前と連続性がないということで、慣用句としては、**「それまでの話とは関係のないこと」「だしぬけのこと」**という意味で用いられます。

少し変形になっていますが、Cの状況で用いられるのが一般的で、ふつうは言い出す側から**「つかぬことを伺いますが」**として、**それまでの話とは直接かかわりのないことがらを切り出す場合の前置きとして用います。**

Aは、「つかぬ」を企業の実力と合わないという意味として使っており、無理だという意味にズレて用いています。

Bは、「意味のない」「受けない」ということですから、「つまらない」の誤用です。

58 いじましい

A
「ほんとにうちの教授には参る。助手はいびるものだと思ってるんだから、ついていけないよ」
「噂《うわさ》には聞いてるけれど、お宅の先生はそんなに**いじましい**の」

B
「あいつは酒になると**いじましい**からな、いっしょに飲みたくないよ」
「そうそう、なんたって徳利《とくり》の底をなでて最後の一滴を落とし出して飲もうとするんだもんな」

C
「うちの子は**いじましい**ったらありゃしないのよ。自分がしたくないとまったく言うことをきかなくて困っちゃう」
「いいじゃないの。最近は軟弱な子が多いんだから、かえって頼もしいよ」

正解　B

この言葉は、「意地」を語源に含んでいることは間違いないと思われますが、漢字で表記することはありません。

基本的な意味としては、**「意地汚い」「けちくさい」**で、このBのような場合には「酒にいじましい」と具体的なものごとについて言うこともできますし、「いじましい根性」というように性格全体について言うこともできます。

これが**「いじらしい」と混同されて、「痛々しい感じがする」という意味にも用いることがあります。**本来誤用ではありますが、現在通用しているので、誤りの選択肢にはしませんでした。

Aは、「意地」を用いるなら「意地悪い」の意味なので、誤用です。

Cも、「意地っ張り」とすべきところです。

59 これ見よがし

A 「うちの課長の無理難題にも困るよね」
「ほんとほんと、**これ見よがし**に仕事を押しつけてくるんだもんね。そんなに企画を次々出されたってできないよ」

B 「今どきのセールスのこつを知ってるかい」
「わかってますよ。あまり**これ見よがし**に見せつけない程度に商品を示して、あちらから興味をもたすんでしょ」

C 「あの人がさ、お金を持ってて次々に新しいものを買うのは勝手だけど、自慢げに見せびらかすのはかなわないね」
「まったく**これ見よがし**の態度をとるから参る」

正解　C

これは組み立ての難しい言葉で、「これ見よ」というのは命令の形であって、「がし」は「そうせよと言わんばかり」の態度を意味する接尾語《せつびご》です。

慣用句としては**「得意になって人に見せびらかすような態度をとる」**場合に用い、Cがその使い方になっています。

Aは、押しつけがましいという意味に用いていますが、この場合は「見よ」に意味がなく、用法がズレています。

Bは「見よ」の意味は出ていますが、人に品を売る場合には用いません。

また、この慣用句は、**「人に当てつけがましい皮肉な態度をとる」**ときにも用います。

60 ものがわかる

A 「遠藤さんはほんとうに**ものがわかる**人だね、驚いたよ」

「まあ、生き字引《いじびき》と言われているくらいだからね。少なくともこの職場のことで知らないことはないだろうね」

B 「このグループの中では金井さんが一番**ものがわかる**からね。だれかともめたりしたら相談するといいよ」

「そうですか、それはいいことを聞きました。新参として助かります」

C 「せっかく凝《こ》った料理を作ってもさ、なんでも同じように食べるような人に出しても張り合いがないんだよね」

「そりゃそうよ。**ものがわかる**人に違いを感じてもらわなきゃ」

正解　B

これは、単なる言葉としてみただけでは、何を言っているのだかわかりません。**「道理や理屈がよくわかる」**というような意味で使われるのですが、「もの」そのものに道理や理屈という意味があるわけではないので、まさに慣用句としてでないと意味をなさない言葉だと言えます。〈ものわかる〉の形でもよく用います。

そうしてみると、Bが、道理がわかっているからもめごとの調整もできると理解できますので、適切な用法です。

Aは、道理というよりも、職場に関する知識を豊富にもっているという意味になっているため、この慣用句としてはズレています。

Cは、料理の味がわかるという意味なので、あることがらについての判別力があるというような意味合いであり、これもズレています。

61
業《ごう》を煮やす

A「あの人はたいしたもんだよ。いったん仕事にかかると脇目《わきめ》もふらずに熱中して邁進《まいしん》するからね」
「一つのことに**業を煮やす**タイプなんだね」

B「ひどい目にあったよ。たしかに僕が悪かったけどさ、あんなに**業を煮やす**ように叱《しか》らなくてもいいと思うけどな」
「そんなにひどく湯気を立てて怒ったのか」

C「木村部長、なんだかいらいらしてるね」
「言いつけたことで部下がへまばっかりしてるらしくてさ、いいかげん**業を煮やしてる**みたいだよ」

正解　C

これは語源の説明が長くなります。まず、仏教で、地獄の罪人を苦しめる猛火を「業火《ごうか》」といい、これは烈《はげ》しい炎や大火のたとえにもなります。その業火が腹の中で燃えることを、略した言い方で「業腹《ごうはら》」といい、「非常に腹が立つこと」「しゃくにさわること」の意味に用います。

この慣用句は、それと同じ状態で、業火を腹の中で煮えくりかえらせることですが、単に腹を立てるのではなく、**「ことが思うように運ばずに腹を立てる」**という場合に用います。したがって、Cの用法が適切です。

Bはその条件がありませんし、「煮やす」を湯気を立てる意味にとっているのもズレています。

Aは、エネルギッシュな状態を言っているので、まったくの見当違いです。

62 屋上屋《おくじょうおく》を架《か》す

A 「屋上に一つ部屋を造ろうと思うんだけど、どうだろう」

「**屋上屋を架す**わけだね。いいんじゃないの、使ってない空間の有効利用というものだよ」

B 「これはなんともしっかりした家だね」

「そうだな。**屋上屋を架して**屋根が二重になってるもんね。やっぱり昔のものは造りが違うよ」

C 「今の役職で十分に対応できるのに、もう一つ役職を作るなんて、**屋上屋を架す**ようなもんじゃないか」

「まったくだ。無駄の一言につきるね」

正解　C

この場合の「屋」はともに「屋根」の意味であって、Aのように部屋のことではありません。また、「屋上」は、一つの言葉として建物の上の空間を指すわけではなく、「屋根の上」という意味です。

「架す」は、橋を架けるなどと同じ使い方で、屋根を架けるという意味です。つまり、**「屋根の上にさらに屋根を架ける」**ということですが、Bのように実際の屋根のこととして用いることはなく、Cのようにたとえとして用います。

意味合いとしては、**「無駄なことをする」**という悪い場合の慣用句なので、よい意味で使っているBはその点でも不適切ということになります。

63 足元から鳥が立つ

A

「うちの子もようやく自立して家から出ていったのよ。一人でうまく自活してくれるといいんだけれど」

「ついにお宅も**足元から鳥が立った**わけね。もう雛《ひな》じゃないわ」

B

「うちの夫は思いつくとすぐにやらないと気がすまないから、こちらはいつもきょとんとしているだけ」

「つまり、**足元から鳥が立つ**ようなことばかりするわけね」

C

「うちの妻は、頼まれたことを**足元から鳥が立つ**ようにしてやらないと怒るから困っちゃうんだよ」

「なんでもすぐにしてやらないといけないんだな。気が急《せ》くね」

正解　B

この慣用句の意味は、**「急に思い立ってあわただしくものごとをはじめる」**ということで、これは自分のこととして言うものではなく、ふつうはBのように他人の行動について用います。「足元から鳥が立つように出発していった」などが、もっとも典型的な使い方です。

それに対して、Cは自分がするような使い方になっており、また、人に急《せ》かされるという意味合いにもなっているので、用法としてズレています。

Aは、「雛が巣立つ」という比喩《ひゆ》との勘違いです。

この慣用句は**「足元から鳥」**と略して用いることもあります。また、**「身近なところで意外なことが起こる」**という別の意味もあります。

64 九牛《きゅうぎゅう》の一毛《いちもう》

A
「君の子どもの将棋の強さは尋常《じんじょう》じゃないね。まったく**九牛の一毛**というくらいに抜きん出ているんじゃないか」
「そりゃこの町の道場ぐらいでの話さ、世間は広いよ」

B
「君の子どもは野球がうまいんだろ。プロをめざすのかい？」
「いやいや、全国的に見ればうちのなんかは**九牛の一毛**にすぎないから、とてもそんなことは考えられないよ」

C
「君の子どもは細かい工作が上手だね」
「うん、特に材料を細かく集めるのが得意でね、**九牛の一毛**を大事に拾い集めている感じだな」

正解　B

ややや古風な慣用句で、最近ではあまり見かけませんが、歴史的な文献にはよく用いられています。

「九牛」の「九」というのは、「一番大きな数」を示しており、「多くの牛」ということです。そして、それらの牛にたくさんの毛が生えているうちの「一本の毛」ということですから、多くの牛の中の一本の毛、つまり、**「多数の中のごく一部分」**のことで、**「とるに足りない」**ことを表します。**〈大海《たいかい》の一滴〉と同じ**ことです。

したがって、Bのように否定的な使い方をする言葉であって、Aのように積極的な意味合いで使うのは誤りです。

Cも、「一毛」を細かいものとしているのはいいのですが、それに価値を認めた使い方になっているのが用法としてズレています。

65 相手変われど主《ぬし》変わらず

A 「やぁ、監督、相変わらずお元気そうですね。僕が小学生のときからですから、もう二十年にもなりますか」
「まあ、**相手変われど主変わらず**さ。少年野球は楽しいからね」

B 「あの家はずいぶん引っ越しが多いけど、持ち主も変わってるのかな」
「あれは転勤族用の貸し家だから、貸す相手はどんどん変わるけど、大家は同じだよ。**相手変われど主変わらず**さ」

C 「みんな調子がいいんだよな。勉強の息抜きに僕のところにだべりにきちゃあ、やることはやってるんだから」
「それを君は、**相手変われど主変わらず**でつきあってるから落第するんだよ」

正解　C

言葉そのものの意味はわかりやすいものですが、どういう意味合いで使うかを知っていないと間違える慣用句です。

まず、この「主」というのは行動の主体という意味なので、Bのように持ち主という立場を指す言葉としては使いません。

言葉の意味は**「相手が変わってもこちらは相変わらず同じことをしている」**ですが、この慣用句は**悪いことがらの場合に使います。**

つまり、Cのように、無駄話をする相手は次々に変わっても、自分は相変わらずそのくだらないことを繰り返している、というような状態のときに用いるわけです。

Aのように、よい意味で使うことはありません。

66 意を体《たい》する

A 「芸術っていうのは、内面にテーマだけもっていたって仕方ない。それを外に形として表さなけりゃ意味がないわけだ」
「そりゃそうさ。**意を体する**ことができないなら、作品にならないんだから」

B 「君はいつも自分で考えたことを実行するからえらいね」
「えらいかどうかは知らないけれど、自分の**意を体する**ようにしないと気がすまないんだ」

C 「小林君。今度の企画は君にまかせていいかな」
「はい、お引き受けします。所長の**意を体して**、企画の筋が通るように専心努力いたします」

正解　C

この言葉の「体する」は、名詞としての「身体」や「形」のことではなく、あくまで動詞であることがポイントです。

Aは、よくある芸術論を言っていますが、これは具体的な「形」をもつものにするということなので、この言葉を用いるのはふさわしくありません。

この**「体する」は、考えや気持ちを理解して行動するという意味**ですが、それを自分のこととして使うか、人に対して使うかで、用法の正誤が分かれます。

正しいのはCの使い方で、**「人の考えや気持ちを理解してそれに従う」**という意味です。

Bのように、自分の考えを実行するという意味には用いません。

67 軌《き》を一《いつ》にする

A「連休にヨーロッパに行ったら、行く先々で中原さんと出会っちゃってね、三度目には笑っちゃったよ」
「旅程が**軌を一にして**いたわけだ」

B「今度新しい企画で仕事をはじめるんだけど、だれか**軌を一にして**やってくれる人がいないかなあ」
「なかなかいっしょに仕事をこなしていける人はいないからね」

C「先生と太田先生とは学説が違うようですが、根本的に違うのですか?」
「いや、見た目は違うことを言っているように思うだろうが、わたしと太田さんとは、学問に対する考え方は**軌を一にして**いるのだよ」

正解　C

「軌」は車の通った跡のこと、「一」は同じくすることで、こういう意味のときは「同一」のように「いつ」と読みます。

意味としては、**「あることがらについての立場や方向を同じくする」**ことで、Cのように考え方などについてよく用います。

立場などのことなので、Bのように実際にいっしょに仕事をするというような意味はありません。

また、比喩《ひゆ》として用いる言葉なので、Aのように実際の行程などが同じである場合にはかえってズレた使い方となってしまいます。

中国では歴史的に、国家を統一されると車輪の幅を同一にする命令が出されたので、**「国家が統一される」**という意味もあります。

68 とどのつまり

A「今年のペナントレースは面白いね」
「うん、三チームの争いになってるからね。**これはとどのつまり**の日までいかないと決まらないだろうな」

B「あーあ、わたしの贔屓《ひいき》のチームがまた連敗しちゃった。これじゃ、**とどのつまり**から抜け出せないね」
「万年最下位のチームをよく応援するね」

C「これだけ波のあるチームもないね。首位になったり最下位になったり」
「それでいて、毎年**とどのつまり**は三位か四位だもんな。どっちかはっきりしろって言いたくなるよね」

正解　C

「とど（トド）」は、成長とともに名が変わるボラという魚の最後の名称で、この慣用句は「トドとして行きづまるところ」の意味です。慣用句としては**「いろいろやって最後のところ」**の意味で用いられ、副詞的に**「結局」と同じ用法にもなります。**

Bは、順位としての最下位のことを言っているので正しくありません。

AとCが似ているように思えますが、Aは「最後の日」という一つの時のことだけを言っているので、「とど」になる過程が含まれていません。

それに対して、Cは、いろいろな過程を経《へ》ての最後という違いがあるわけです。

また、この慣用句は、思わしくない結果である場合に用いるのがふつうで、Cはそういう方向の気持ちで用いられているのも適切です。

69 流れに棹《さお》さす

A 「我が社もうまく今の**流れに棹さす**ようになるといいんだけどね。なかなかそううまくはいかないい」

「そりゃ、そう思いどおりにはいかないさ」

B 「どうもこの製品の注文がこないね」

「そうなんだよ。**流れに棹さしてる**みたいで、動きが見られないんだ。なんとか品を動かさなきゃ」

C 「うちの企画課長はあまのじゃくだから、時流に乗ったような企画は通してくれないの。ファッションの会社なのにね」

「意地張って**流れに棹さしてる**ような感じがするもんね」

正解　A

「棹」は、船頭《せんどう》が水底に突っぱってその力で舟を進ませる棒のことで、この場合は、流れに乗るようにして進めることを言います。ただ、単に自分の力で進めるというだけではなく、慣用句としては、**「好都合なことが重なってものごとが思いどおりに進行する」**という意味にまでなります。

選択肢の中で、そのように読み取れるのはAで、ここではそれを全体としては否定の文脈で用いています。

Bは、棹を水底に突き立てて動かなくなっているというイメージで用いているので、ズレた用法となっています。

Cが、よくある誤用で、「棹さす」という言葉の語感からくるものだと思われますが、時流・大勢に逆らうという意味で用いています。

70 歯が浮く

A 「ねえ、多田さんと話していると、なんだか楽しくなって、気がはずむような感じがしない？」
「するする、**歯が浮いて**くるような感じだね」

B 「あいつの言うことを聞いてると、**歯が浮く**ような気がするよ」
「まったくだ。きざなことばかり言いやがって、あれで人を感心させてると思ってるからどうにもならない」

C 「ほんとにうちの弟にはいらいらさせられる。することがじれったくて**歯が浮いて**しまうよ」
「まあ、見ていてもどかしくなるのはわかるけど、あんたもせっかちなのよ」

正解　B

この言葉は、具体的に歯の根がゆるんで歯が浮き上がるように感じるときにも使いますが、慣用句としては、**「軽薄《けいはく》な言行を見たり聞いたりして不快な気持ちになる」**という意味になります。

特に、Bにあるように**きざな台詞《せりふ》を聞いたときに使う**ことが多いです。

Aは、「気持ちがはずむ」「心が陽気になる」というような意味で用いていますが、これは歯が浮くのではなく、〈気が浮く〉という慣用句が適切です。

Cは、人の行いを見ていて「いらだたしい」「もどかしい」という気持ちにさせられる場合ですから、「歯」を用いるならば〈歯がゆい〉でなければなりません。

71 甘受《かんじゅ》する

A「この前、橋元先生のところへ伺ったら、僕の気に入っていた額縁《がくぶち》をくださるというのだけれど、**甘受する**かどうか悩んでいるんだ」
「まあ、先生の恩恵なんだからありがたく受け取ればいいよ」

B「昔の隠者《いんじゃ》みたいに林間に静かに住めたらいいと思うときがあるね」
「たしかに、そういう穏やかな暮らしを**甘受できる**境遇になれたら、ある意味で最高の人生だな」

C「伯父《おじ》が呼んでいるから行ってみたら、厳しいことを言われてしまったよ」
「あなたがいつもだらしないことをしているからよ。お言葉を**甘受して**親戚《しんせき》づきあいをもっとしっかりするようにしてちょうだいな」

正解　C

「甘んじて受ける」を熟語化した言葉ですが、この形にした場合、現在では単に「甘んじる」の場合よりも限定された意味で用いられています。

単に「甘んじる」の場合は、「満足する」「楽しむ」という意味にも用いることができ、ここではBがそれにあたっていますが、今はこの慣用句の用法として適当とは言えなくなっています。

慣用句の用法として適切なのはCで、自分にとってうれしくないものを**「やむをえないものとして受け入れる」**という意味で使います。この会話の例の場合は「苦言を甘受する」という言い方をします。

Aは、甘えて受け取るというような意味なので、「甘」の部分の意味が違います。

72
鉄面皮《てつめんぴ》

A　「あいつはまったく恥というものを知らないからな。なんでも平気でするし、人の非難なんか気にもしないもんな」
「まったく**鉄面皮**もいいところだ」

B　「有本さんて、ほんとうに表情を出さない人だね」
「ほんとに、どんなときでも**鉄面皮**でとおしているもんね。ポーカーをやったら強いんじゃないの」

C　「今度の交渉は奥谷君に出てもらおう。あの**鉄面皮**が役に立つだろう」
「そうですね。今年は組合からの攻撃が強そうだから、受けも強い人間でないとまずそうですから」

正解　A

これは、鉄でできている面《つら》の皮という意味です。つまり、何かをかぶっているのではなく、皮そのものが鉄のようだということで、それが慣用句としては、**「恥知らずで厚かましい」**という意味になります。四字熟語で言えば、「厚顔《こうがん》無恥《むち》」の「厚顔」がこの言葉に対応し、「無恥」が意味にあたります。

したがって、「恥を知らない」と言っているAが適切な用法です。

Bは、「無表情」の意味で使っていますが、この慣用句としてはそのような意味では用いません。これを言うなら〈能面面《のうめんづら》〉です。

Cは、「鉄」が「攻撃に対して受けが強い」ということを意味しており、まったくズレています。

73 伏線《ふくせん》を張る

A
「この筋で、どうしてこんなところにこんな話が出てくるんだろう」
「それを**伏線を張る**というんだよ。あとになって思わないところで役に立ってくるんだ。小説も読みなれると、これが伏線だとピンとくるようになるんだ」

B
「むむ、ちょっと雲行きがあやしいぞ、まずいな」
「今日は一日中晴れのはずだったけどなあ、天気予報もあてにならないな。なんだか**伏線を張られた**気分だね」

C
「宮下君は、何かやって行きづまりそうになると、すぐに**伏線を張る**ようなことをするから、信用できないんだよな」
「たしかに、ちょっとまずくなるとすぐに逃げ腰になるね」

正解　A

「伏線」というのは、小説や戯曲《ぎきょく》などで**「のちの展開に役立つように前のほうにさりげなく潜《ひそ》ませておくことがら」**のことで、それらを**「潜ませること」**を「伏線を張る」と言います。碁の用語を用いて**〈布石《ふせき》を打つ〉と言っても同じ**ことです。

用法としては、Aがまさに小説のことを言っていて適切で、このように物語的な筋のあるものごとについて使うのが本来の用法ですが、さらに比喩《ひゆ》的に、事業などのほかの分野について用いることもできます。

Bは、「予期しないことに見舞われる」ということなので、似たような表現を用いるならば、〈伏兵にあう〉といったところです。

Cは、「逃げ腰になる」ということですから、慣用句ならば〈逃げを打つ〉です。

74 臍《へそ》で茶を沸《わ》かす

A 「おい大変だぞ、お前の言ったことを聞いて松原さんがカンカンだ」
「え、また**臍で茶を沸かして**いるのか。あの人、自分のこと言われるとちょっとしたことでもそれだから参るよな」

B 「あんなひどい失敗を演じておいて、今さら**臍で茶を沸かした**ってどうにもならないだろ」
「ほんとうに後悔先に立たずだよな、腹の真ん中にこたえるよ」

C 「あいつの言うことなんか聞いてたら**臍が茶を沸かす**よ」
「まったく。あんなくだらない口上《こうじょう》なんかちゃんちゃらおかしくって、まともに耳を貸してられないわ」

正解　C

この言葉はイメージ的なもので、なぜ「臍」なのか「茶」なのかを詮穿《せんさく》する必要はありません。意味としては、基本的には**「おかしくてたまらない」**ことですが、多くは**「ばかばかしくてしょうがない」**ことの意味でも用いられ、**人の発言をあざけるような場合に使われます。「臍が茶を沸かす」**とも言い、また**〈臍で（が）笑う〉も同じこと**で、さらに**〈臍が宿《やど》替《が》えする〉**などとも言います。

ここでは、Cが人の言葉を「ちゃんちゃらおかしい」と言っている状況なので適切です。

Aは、「沸かす」を怒りで熱を出しているようなイメージに使っていますが、この慣用句としては、まったく逆の意味になってしまいます。

Bは、「後悔する」ということなので、同じ字を使うならば〈臍《ほぞ》を噛《か》む〉です。

75 末席《まっせき》を汚《けが》す

A

「わたくしも審議会の**末席を汚して**おりますからには、公正な立場で委員としての務めを果たしたいと存じます」

「それは、ここに集《つど》うすべての人の心掛けを代表されたお言葉ですね」

B

「あなたも選考委員の**末席を汚して**いるのだから、もう少し公平な意見を述べたらどうですか」

「末席にある者は、このくらいの意見ですよ」

C

「君が委員に加わったとはね。まあ、この会も落ちたものだ」

「ひどいことをおっしゃいますね。わたくしなどがいてはこの委員会の**末席を汚す**というのなら退席します」

正解　A

この言葉の場合、「汚す」は「けがす」であって「よごす」とは読みません。「末席」はふつう「まっせき」ですが、「ばっせき」と読むときもあります。

この言葉は、**「集会などに出席したり集団の一員に加わったりする」**ことの**謙譲《けんじょう》表現**です。ほんとうに末席に座るような人が用いることもありますが、Aの例がよく見られる使い方で、かえって**一座の中の格の高い人が用いる場合が多い**ようです。

Bは、意味として間違ってはいませんが、自分に用いるべき謙譲表現を相手に対する非難として用いているのが誤用です。

Cは、用法が違うだけでなく、単に席が汚れるという意味にすぎず、「末」の謙譲が出ていません。

76 向こうを張る

A
「聞いたか、新川さんがこちらを見限ってあちらについたんだってさ。大ピンチの到来だな」
「えっ、あの人が**向こうを張った**のか。それは一大事だ」

B
「この商品の販売合戦で負けたら大変だぞ」
「だから、価格競争ではどこまでも**向こうを張って**引き下がらないようにしないと。弱気を見せたらおしまいだ」

C
「わたしは歌舞伎《かぶき》が好きでさ。特に荒事《あらごと》で役者が**向こうを張る**ときなんか、ぞくぞくしちゃう」
「わたしも何度か見たけど、ほんとに声をかけたくなるよね」

正解　B

ここは、すべて「向こう」を用いて表現できる選択肢になっています。

Aは、味方だった人が敵方につくということを言っているので、「向こうへ回る」でなければなりません。

Bは、商品価格で**「張り合う」「対抗する」**という意味になっており、これがこの慣用句の適切な意味での用い方です。

Cは特殊なことがらで、歌舞伎の演技の一つで役者が正面に向かって見得《みえ》〈動きを停止し睨《にら》むようにしてポーズをとる〉を切ることですが、これを「向こうを張る」とは言いません。〈見得を切る〉または〈向こうを切る〉と言います。

77 ラッパを吹く

A 「なんだかみんな意気消沈《しょうちん》しちゃってるねえ」
「ほんとだよ、だれか**ラッパを吹いて**盛り上げてくれないかなあ。君、ひとつやってみなよ、得意だろ」

B 「君の悪いところは、酒を飲むとできもしない大きなことを言い出すところだよ」
「そんなに**ラッパを吹いて**るように聞こえるかなあ。自分じゃ、まともな話をしてるつもりだけど」

C 「あいつはいつも勝手な**ラッパを吹いて**ばかりいやがるからな、とてもじゃないけど聞いちゃいられないよ」
「まったくだ。自慢たらたらで、手前味噌《てまえみそ》もいいところだからな」

正解　B

この言葉は、「ラッパ（喇叭）」の音が大きいことと、それを「吹く」様子をあわせたイメージから、慣用句となっているものです。

意味としては、基本的に**「大きなことを言う」「大言壮語《たいげんそうご》する」**というところから、**「ほらを吹く（おおげさなでたらめを言う）」**の意味にもなります。

Aは、盛り上げるということなので、ラッパの音で元気づけるというような意味合いになっているのが誤用です。

Bは、大きなことを言って、人にはまともに聞こえないということになりますから、慣用句どおりの用法です。

Cは、「自分勝手」という意味なので、これならば〈勝手な熱を吹く〉です。

78
清濁《せいだく》あわせ呑《の》む

A

「君は、なんでもかんでも手を出すけれど、どれか一つに決めてじっくりやったほうがいいんじゃないか」

「いや、**清濁あわせ呑む**ってやつですよ。なんでもかまわずやってみなきゃ」

B

「あなたは、ものごとを並行して進められるところがすごいわね。わたしなんか、そんな**清濁あわせ呑む**ようなことはできないわ」

「そんなお酒でたとえないでよ。なんだか飲んべえみたいじゃないの」

C

「永井さんの**清濁あわせ呑む**度量というのはたいしたものだね」

「うん。やっぱり企業というのも表の理屈ばかりではすまないからね。ああした人がいてこそ収まることも多いよ」

正解　C

この「清濁」というのは、清酒《せいしゅ》と濁酒《だくしゅ》（どぶろく）のことで、そのどちらも呑めることをたとえとして用いたものであり、慣用句としては、**「度量が大きく善でも悪でも分け隔《へだ》てなく受け入れる」**ことを言います。

悪いことや裏の面を許容するということになるので、悪い意味になりそうですが、用法としては**度量が広いというよい面だけが取り上げられる**言葉です。

ですからCが、表だけでなく裏も呑み込んで処理する態度のこととして適切です。

Aは、そうした裏の面という意味はなく、ただ無分別に手を出すことなので、重要な要素が欠けている使い方になってしまっています。

Bは、お酒でたとえているのはいいのですが、ものごとを並行して行う、という意味はないのでズレています。

79 児戯《じぎ》に等しい

A
「うちのおばあさんは、いくつになっても子ども心を失わないというのか、やることが**児戯に等しい**のよね」
「たしかに、お宅のおばあさんは動作がかわいらしいものね」

B
「あいつはいったい何を考えてるんだ。やることなすこと、とても一人前の大人の行動とは思えないね」
「まあ、頭脳レベルが**児戯に等しい**んだな。図体《ずうたい》だけしか成長しなかったんだろ」

C
「おい、このレポートはなんだよ。これじゃまるで**児戯に等しい**じゃないか」
「そんなこと言わないでくださいよ。それでも一生懸命書いたんですから、少しは認めてくれてもいいじゃないですか」

正解　C

「児戯」は子どもの遊びのことで、「児戯に等しい」は**「ある行為が子どもの遊びと同じ程度に無価値である」**ことを言います。**〈児戯に類する〉という言い方もします。**

これらの言葉のポイントは、行為やその結果に価値があるかどうかであって、子どもらしいということはたいした問題ではありません。

選択肢の中ではCが、行為の価値を表しているので適切です。

Aは、その行為がまったく子どもと同様だということなので、子どもらしさのほうにポイントがあるのがズレており、またよい意味に用いているのも誤りです。

Bは、この言葉を用いた発言者の意図としては、頭の程度が子どもレベルだということで、行為のことになっていません。

80 提灯持ち《ちょうちんもち》

A
「あいつは本当に鼻持ちならないやつだな、上司のご機嫌《きげん》ばかりとって」
「まったく、ヨイショばかりだもんな。あれだけ**提灯持ち**ができれば、もうたいしたもんだよ」

B
「先生、何か雑用があったらおっしゃってください。どこかへおでかけのときには声をかけてくだされば、お荷物をお持ちします」
「いくらなんでも、あなたにそんな**提灯持ち**のようなことはさせられないよ」

C
「石川さんは、**提灯持ち**が何人もいて、よいことばかり触れ回っているけど、あいうのどう思う?」
「ああなるとかえってうさんくさい感じで、信用がならないような気もするね」

正解　C

現在、「提灯」という道具が使われなくなっているので、原意がわからずに、慣用句として誤って用いられている傾向の強い言葉です。

「提灯」は、夜道を照らすのに前に行く人が持たなければ役に立たないので、「提灯持ち」は本来、夜道や葬列などで先導する役を意味するのですが、そこから慣用句としては、**「ある人の手先となってその人をほめてまわる者」を軽蔑《けいべつ》感をこめて言う言葉**となっています。

その意味で用いているのはCで、全体が軽蔑感のほうに向いているのも適切です。

Aが間違われやすい使い方で、これは人にへつらうことなので、〈太鼓持ち〉と言うべきところです

Bは、荷物持ちをするという意味合いなので、〈草履《ぞうり》取り〉でしょう。

81 是非《ぜひ》に及ばない

A「この件は急ぎでしょうか。ちょっと今たてこんでまして」
「いや、今それほど**是非に及びません**よ。無理にやってもらうより、落ち着いてからゆっくり対処してください」

B「これはもうこの線でいくしかないね。**是非に及ばない**よ」
「うん、ほかにどうしようもないとなれば、その方法に難癖《なんくせ》つけても仕方がないからなあ」

C「まったく、佐野君は一つ新しいサイトを見つけると、すぐにのめり込んでしまって脇目《わきめ》もふらなくなるからなあ」
「ほんとに、はじめのうちは**是非に及ばず**夢中になっちゃうからね」

正解　B

まず、副詞として「ぜひとも」などというときの「是非」と、慣用句に出てくる名詞としての「是非」の区別が必要です。

Aは、ぜひやってほしいわけではない、ということで、これは「是非」を副詞として「きっと」「どうしても」「なにとぞ」などの意味で使っていますが、この場合は名詞を用いた慣用句としての〈是非に及ばない〉を用いるのは適切ではありません。

Bが慣用句としての用法で、こうした場合の「是」はよいこと、「非」は悪いことの意味です。それに及ばないというのは、**「当否や善悪を論じるまでもなくそうするしかない」「それしか仕方がない」**のような意味になります。

Cは、何もわきまえずに夢中になることで、慣用句なら〈是非も知らず〉です。

82 苔《こけ》が生える

A「私ももうこの会社じゃずいぶん**苔が生えた**ほうになってきちゃったわね。新入社員を見るとうらやましいような懐かしいようなだわ」

「でも、キャリアを積んで、ただ黴《かび》が生えたんじゃないからいいじゃないのよ」

B「あの人はかなりずるくなってきたよね。年季を積むとああなるのかしら」

「そうそう。背中に**苔が生えた**ような感じで、だれにも要領よく立ち回っているっているような感じだもんね」

C「新藤君にも困るよ。あの店に入って飲み出すと、**苔が生えちゃう**んだもの」

「あれはちょっとつきあいに困る場合があるね。皆で行くときには、それぞれの好きな店に回るようにしないとね」

正解　A

「苔が生える」には時間がかかるので、**「古めかしくなる」**ということです。それが、〈黴《かび》が生える〉と同じに**「古くさくなる」**という悪い意味で用いられることが多いのですが、**「古株《ふるかぶ》になる」**という意味ならよいニュアンスになることもあります。

ここではAがその両意を含んだ適切な用法で、前の発言者は自分に対して悪い意味で用いていますが、それをあとの発言者がよい意味にとりなしているのです。

Bは、ただ古いというだけでなく、そこに「ずるくなる」「要領よくなる」という意味がはっきり加わっていますが、「苔が生える」にはそこまでの意味はなく、これならば〈甲羅《こうら》が生える〉と言います。

Cは、まったくの誤用で、「動かなくなる」ことをいうなら〈根が生える〉です。

83 割りを食う

A 「まぁ、この仕事もやっただけのことはあったな」

「うん、しっかりその分の**割りを食った**から文句はないよ。これ以上を望むのは欲張りというもんさ」

B 「あいつはいつも人にくっついていて**割を食う**ようなことばかりするからな。たまには自分からやれってんだ」

「ほんとにな、小判鮫《こばんざめ》みたいなやつだ」

C 「あーあ、**割りを食っちゃった**ね。儲《もう》けを横取りされた気分よ」

「まったく、骨折り損のくたびれ儲けほどじゃあないけれど、どうしたって働きにつりあわないよね」

正解　C

この「割り」というのは、ほかの仕事や他者の取り分と比べたときの損得のことで、それが「いい・悪い」「あう・あわない」というのが基本的な使い方です。

ここでは、Aの内容が「割りにあう」という場合で、「苦労しただけのかいがある」「労働に見合う」というような意味になりますが、「食う」は不適切です。

Bは、おこぼれを拾うのような意味になっているので、この慣用句での「割り」の用法と違います。

Cは、働きにつりあわないということなので、基本的な言い方を用いれば**「割りのあわない目にあう」**ということであって、これがこの慣用句の適切な用法です。簡単に言えば、損する結果となるということになります。

84 覚悟の前

A「おい、もうそろそろ決心したらどうだい」
「うん、そうしなけりゃならないんだけども、まだ**覚悟の前**でなかなか踏ん切りがつかないんだよ」

B「そんなに心配してくれるなよ。この事態になることは**覚悟の前**なんだから、じたばたはしないさ」
「そうか。すでにその気でいたのなら、もう何も言わないよ」

C「わたしね、こうなったら家族も捨てるつもりでいるの。あの人となら駆け落ちしてどこでなりと暮らすわ」
「あなたのそれほどの**覚悟の前**に出ては、わたしが忠告なんかできないわね」

正解　B

この言葉の慣用句としての意味は、**「前もって心構えのできている」**ことです。ただ、どうして「～の前」になるのかは、よくわかりません。**同義語に〈覚悟の上〉があり**、こちらのほうが意味のとり違えがないとは言えるでしょう。

Aは、「前」を時間的にとったもので、「まだ覚悟していない」の意味に用いている誤用ですが、慣用句として知らなければ、やむをえない間違いかもしれません。

Bが、「すでに覚悟をしている」の意味に用いており、適切です。

Cは、「前」を空間的にとったもので、人の覚悟を目の前に見ているような使い方になっていますが、「前」は覚悟している人の側についてのことなので誤りです。

85 口が塞《ふさ》がらない

A

「ひとみちゃんは、ほんとうに**口が塞がらない**からね、こちらが口をはさむ暇もないくらいだもん」

「そうそう。あれだけしゃべり続けられるっていうのは、もう才能よ」

B

「うちの妹は素直じゃなくて、理屈で負けてもそのままじゃすまないの。必ず何か言い返してくるから」

「**口が塞がらない**んだね。負けず嫌いなんだ」

C

「水野君の言うことを聞いていると、あいた**口が塞がらなく**なるよな」

「まったくだ。あれだけバカなことを言えるというのは信じられないくらいだけど、わざとやってるんだろうか」

正解　C

ことわざ辞典などには「口《くち》」の項目に出ていますが、実際には「あいた口が塞がらない」の形で用いて、**「あきれて言葉もなくぽかんとしている様子」**を表します。

ここでは、Cがその形になっていて、意味的にも適切な用法です。

Aは、よくしゃべるということですから、〈口が多い〉とすべきところです。

Bは、理屈で負けているのになお負け惜しみを言うことですが、これならば〈口が減らない〉〈減らず口をきく〉を用いるのが適切です。

この慣用句の肯定形は、これを逆にした意味にはならず、〈口塞ぐ〉だと、「余計なことを言わないように口を閉じる」という意味になり、〈口塞がる〉だと、「驚きや遠慮などで口がきけない」という場合に用いることになります。

86 結構を尽くす

A「見てよ、このお邸《やしき》。お庭も広いし、これだけの構えをするとなると、いったいどれくらいかかったのかしら」
「ほんとうに**結構を尽くした**という感じの造りね。費用なんて想像もつかないわ」

B「今度のツアーはガイドさんがよくて、十分満足したわ」
「ちょっと高めだけどサービスがいい、とは聞いていたけど、これだけ**結構を尽くして**くれれば文句ないわね」

C「困っちゃったよ、**結構を尽くす**ようにしたんだけど、どうしても受け取れってきかないんだ」
「あの人が物をくれると言い出したら、もう断ることなんかできないさ」

正解　A

「結構」はかなりの多義語で、名詞としても構造・計画・支度などさまざま意味があり、形容動詞として「結構だ」などと使うこともあります。

標題の言葉は、名詞の「結構」を、すぐれて欠点がないという意味として用いた慣用句で、ものごとに**「ぜいたくを尽くす」「華美《かび》を尽くす」**ということを表します。

Aが、内容がそうした様相を言っていて、適切な用法です。

Bは、「結構」を、ある行為が受け手の満足するようになっているさまを表す意味として用いていますが、この場合は「尽くす」とは言いません。

Cは、「結構」を辞退の言葉とした用法ですが、これも「尽くす」と組み合わせて慣用句として用いることはありません。

87 身上《しんしょう》をつぶす

A「ねえ、最近じゃ、健康にいいからといって無理な運動をしすぎて**身上をつぶす**人が多いというよ」

「大丈夫だよ、それほど身体にひどい負担がかかるほどはやっていないから」

B「林さんが失敗して一文《いちもん》なしになった話を聞くと、起業も考えものだと思うよな」

「でもさあ、**身上をつぶして**しまったとはいえ、やりたいことをやったわけだから、その点ではうらやましいような気もするよ」

C「おい、個性を発揮しようとするのもいいけど、あまりやりすぎると睨《にら》まれて**身上をつぶす**ことになりかねないぞ」

「別に、それでいづらくなるような会社なら、おさらばするだけさ」

正解　B

「身上」は、身の上のことをいう場合は「しんじょう」と読み、「身上書」などがそれにあたりますが、「しんしょう」と読む場合は、「身代《しんだい》」の意味で財産のことをいうのがふつうです。

したがって、それを「つぶす」というのは、**「財産をなくす」「破産する」**という意味になるので、ここではBが適切な使い方になっています。

Aは、身体を壊すという意味の誤用になっています。

Cは、それでいづらくなると言っているので、「立場を悪くする」「立場をなくす」という意味合いで用いていると考えられますが、こうした用法はありません。

「しんしょう」は、家の経済状態や暮らし向きのことをいう場合もあります。

88 鳥なき里の蝙蝠《こうもり》

A「せめて君がいてくれればよかったんだけど、転勤になるんじゃ、**鳥なき里の蝙蝠**になっちゃうよ」

「僕だって仲間とまで言えなかったけれど、たしかにこれからは大変だろうね」

B「大変だ、安西専務が脳梗塞《のうこうそく》で倒れてしまった」

「うわっ、ほんとうか。それじゃ、僕らは**鳥なき里の蝙蝠**で、まったく頼るところがなくなっちゃうじゃないか」

C「彼、スペイン語ができるって自慢してるけど、あんなの**鳥なき里の蝙蝠**ね」

「そうそう、ちょっとしゃべれるくらいで、本もろくに読めないんだから、ほんとうにできる人の前に出たら形《かた》なしじゃないの」

正解　C

これは、「蝙蝠」が鳥ではないのに飛べるという特徴をもっているところからきたもので、それを悪い意味に使った言葉です。意味は、鳥がいないことをいいことに蝙蝠が飛べることを自慢している、ということを比喩《ひゆ》として、**「すぐれた者や強い者のいないところでつまらない者がいばる」**ことです。

ここでは、Cがスペイン語についてそのような状況であって、適切な用法です。

Aは、蝙蝠と鳥は近い点があることから、共通点をもつ者がいなくなるという意味に用いていますが、鳥を蝙蝠にとってよい存在としていることだけでも誤用です。

Bは、蝙蝠がしっかり飛べる存在の鳥をうしろ盾《だて》にしているというような意味合いですが、これも蝙蝠にとって鳥をよい存在としているので、誤りです。

89 労とする

A 「今日は、庭の草むしりを**労とする**かな」

「ごくろうさまですね。でも、今やっておかないと夏になったら大変ですからね、がんばってください」

B 「わしも年をとったもんだ。昔はこんなものを読むくらい**労としなかった**ものなのになあ」

「ほんとうにね。読書となったら徹夜もへいちゃらだったのにねえ」

C 「おじいちゃん、カップや表彰状がずいぶんあるねえ」

「うん、まだお前が生まれる前のことだが、これでもテニスでは上のランクで活躍したもんだ。**これはその労としたところさ**」

正解　B

ここは、すべて「労」にかかわる内容の会話です。

Aは、草むしりという作業をするというだけのことですから、これならば「労働する」というだけであって、この言葉は使いません。

Bは、本を読むのが大変になったということなので、**「苦労なこととする」「骨折りとする」**の意味になっており、この使い方が慣用句として適切です。

一般には、肯定形よりも、この場合のように打ち消しをともなって用いることが多く、「労としない」「労とせず」という言い方をします。

Cは、カップや表彰状をもらったことについての表現なので、「功労」を意味していますが、慣用句の用法としてはズレています。

90
理に落ちる

A「どうもこんな席でそう話が**理に落ちちゃ**、白《しら》けてしまうね。もっとくだけた話にしようよ」
「そうだそうだ、だれかなんかバカ話をしろよ」

B「あそこまで三木さんに論理的に説明されると、納得するしかなくなるね」
「うん、見事に理屈が通ってるからなあ。反論もできないし、あの人の**理に落ちる**しかないもんな」

C「なあ、俺の言い分も聞いてくれよ。ちゃんと説明するからさ」
「あなたの言うことはいつも支離滅裂《しりめつれつ》じゃないの。言いわけにさえなっていないし、まったく**理に落ちない**わよ」

正解　A

この場合の「理」はつまらなさや窮屈《きゅうくつ》さを感じさせるような理屈のことで、「落ちる」はそこに結末がくるというような意味合いです。つまり、**「話が理屈っぽくなってしまう」**ということで、よい意味で用いられることはありません。

その用法にかなっているのはAで、話が理屈っぽくなって場が白けることを言っており、その対照としてバカ話が出ているのも意味的に適切です。

Bは、相手の理屈に「屈服する」「従う」しかないということを言っていますので、この場合は〈理に折れる〉と言います。

Cは、「理屈が通らない」「わからない」ということなので、少し古い言い回しだと〈理が聞こえない〉と言います。

91 物がつく

A

「あなたの部屋もずいぶん狭くなってきたね」

「うん、人からももらったりしてたくさん**物がついちゃって**ね。これだけ増えると整理も難しいよ」

B

「君は最近、神社めぐりが趣味になったんだって」

「趣味というんじゃないんだな。どうも人生に行きづまった感じがするもんで、こうしてれば**物がついて**流れが変わらないかと思ってさ」

C

「あの人、なんだか**物がついた**ような感じになってるね」

「ほんとに。傍《はた》から見ていて怖いぐらいの打ち込みようで、仕事熱心とはいえ気味悪いくらい」

正解　C

「物」「もの」というのは、怪《かい》・怨霊《おんりょう》など不可思議な霊力をもつ存在を、具体的に示す言い方ができないので、代名詞的に言った表現で、「物の怪《け》」などと使います。

それが「つく」というのは、漢字で書けば「憑《つ》く」で、**「何か怪しいものが乗り移る」**ことを言い、**「物につかれる」と受け身で言う場合のほうが多い**言葉です。

Cは、それを悪い場合ではなく、仕事や芸術などに打ち込むというよいことがらに用いていますが、それが傍から見ていて気味が悪いくらいに思えるまでになると、このように言われてしまうわけです。

Aは、「物が付く」のつもりでしょうが、こうした場合にこの言い方はしません。

Bは、神社めぐりで流れを変えるのだから「運がつく」のつもりでしょう。

92 非を鳴らす

A

「だから言わんこっちゃない。こんなことにならないように僕がさんざん警告しておいたじゃないか」

「面目《めんぼく》ない。君が**非を鳴らして**くれているうちに聞いておくべきだった」

B

「野党というのは与党の**非を鳴らす**ことしかしないからな」

「特に万年野党というやつはそうだな。自分が政権を担当したときの積極策を唱えないんだから」

C

「そんなに暮らしに**非を鳴らして**ばかりいたって幸せになれないよ。足ることを知らなくっては」

「だって、友達みんなと同じくらいの生活はしたいじゃないのさ」

正解　B

選択肢は、すべて「鳴らす」を含んだ慣用句で表せる内容の会話になっています。

Aは、「前もって危険などに対して警告しておいた」ということですから、「鳴らす」を用いて言うならば、〈警鐘《けいしょう》を鳴らす〉でなくてはなりません。

Bは、**「盛んに非難する」「欠点をとがめだてて言う」**ということで、これがこの言葉の適切な用法です。

この言葉自体は特に悪い意味で使われるということはないのですが、この会話のように、人に対して揚《あ》げ足をとることばかりする場合に用いられると、このように非を鳴らしている側が非難されるような感じになります。

Cは、「不満を言っている」ということなので、〈不平を鳴らす〉の誤用です。

93 ついの住処《すみか》

A

「ここにもずいぶん長く住んだわね」

「そうだなあ、はじめ来たときには**ついの住処**のつもりだったけど、動くに動けなかったからな」

B

「いやあ、きれいな家だね。理想的じゃないか」

「まあ、一戸建てを持てるようになったときにはこういう家にしようと計画してたからね。とうとう手に入れた**ついの住処**というところさ」

C

「また引っ越しということになったわけだけれど、ここを**ついの住処**にしたいものだな。もう動きたくないよ」

「そうねえ、この年になるまでに何度引っ越したかしら」

正解　C

Aは、「つい」を「ついちょっと」の意味で使っていますが、これはまったく見当違いな用法です。

Bは、「ついに」の意味で使っていて、やはり用法が違います。

この「つい」は、漢字で書けば「終」であって、この言葉は、終わりの住処、つまり**「最後の住まい」**という意味になります。

Cがその用法になっていて適切ですが、この「つい」には「死」の意味合いがあって、死ぬまで住む所、つまり**「生涯住む家」**もついの住処と言えないことはありません。また、**「死後に落ち着くところ」**という意味になることもあります。

ちなみに、これを〈ついの別れ〉として用いれば、死別のことになります。

94

糟糠《そうこう》の妻

A

「うちの祖父にとって祖母は**糟糠の妻**でね、ずいぶん暮らしの苦しい時分にも愚《ぐ》痴《ち》ももらさなかったらしいよ」

「食べるものなんかも苦労なさったんでしょうね」

B

「うちの祖母は、祖父がなかなか出世できないでいるときに、内職などをしてずいぶん助けたらしいよ」

「**糟糠の妻**ね、その助力でおじいさんが立派になったわけだ」

C

「うちの祖父母は隣どうしで育ったんだよ」

「へえ、それじゃ幼《おさな》なじみが結婚したわけじゃない。おじいさんにとっては、おばあさんは**糟糠の妻**ね」

正解　A

「糟糠」というのは酒糟《さけかす》と米糠《こめぬか》のことで、粗末な食べもののことを意味します。そうしたものを食べていたときからの妻、つまり**「貧しいときから苦労をともにしてきた妻」**というのが慣用句の意味で、Aがその用法になっています。

Bは、苦労をともにするというより、「内から支える」という意味で使っており、こういうものは〈内助《ないじょ》の功〉と言います。

Cは、「幼なじみ」のことなので、こういう相手は〈筒井筒《つついづつ》の仲〉と言います。それを妻にしたということなので、「糟糠」とはまったく関係ありません。

この言葉は、**「糟糠の妻は堂より下《くだ》さず」**とすると、そういう妻は夫が富貴になってからも大事にして見捨てない、という意味になります。

95

正鵠《せいこく》を得《え》る

A 「最近は車にナビがついてるから、**正鵠を得られなくて**うろうろするということがなくなって助かるな」
「そうそう、以前はずいぶん遠回りしちゃったこともあったもんね」

B 「難しいパズルになると、わざと間違えさせるように作ってあるから、簡単に**正鵠を得る**というわけにはいかないね」
「僕なんか根負けして解答を見ちゃうことも多いよ」

C 「戸田さんが司会すると、会議がおかしくなると思わないか」
「そうなんだよ。一人一人の発言を**正鵠を得て**まとめられないもんだから、発言者も聞き手も不満をもっちゃうんだよな」

正解　C

「正鵠」は、弓の的の中心にある黒点のことで、そこを矢で射《い》ることを言います。標題の形が本来ですが、〈正鵠を射る〉でも正しく、現在ではこちらのほうが多く用いられているようです。ねらっている段階ならば、〈正鵠を期する〉という言葉もあります。また、「正鵠」を慣用読みで「せいこう」と読んでいる場合もあります。

慣用句としては、**「ものごとの要点」「急所を正確についている」**ことを言い、Cがそれを否定の文脈で適切に用いています。

Aの場合は、正しいルートをたどるという意味、つまり、「正鵠」を正しい道筋のようにとっているので、不適切です。

Bは、「正解を得る」の意味にしていますが、この言葉はそのようには用いません。

96 思案《しあん》に余る

A「困ったなあ、今度の企画、いくら考えてもいい案が浮かばないのよね。あなたは、どう？」
「わたしもよ、いろいろ考えてみたけれど、**思案に余る**わね」

B「上岡さんさあ、あんな人に夢中になっちゃってるけど、いいのかしらね」
「うん、恋は**思案に余る**って言うからね。だれでも恋するとわけがわからなくなっちゃうのよ」

C「将棋道場に行くとさ、相手に長考されるのがかなわないよな」
「そうそう、それも考えていい手を指すんならわかるけど、たいていは**思案に余る**ようなくだらない手だもんね」

正解　A

言葉そのものは、「思案」してもよい考えはそこから「余る（その範囲を超える）」という意味で、慣用句としては、**「いくら考えてもよい考えが出てこない」**という場合に用います。**〈思案につきる〉も同じ**です。

Aの使い方が適切で、いろいろな考えの範囲からよい案がもれているわけです。

Bは、慣用句を用いるなら、〈恋は思案の外《ほか》〉と言うべきで、「恋をしてしまうとまともな思慮《しりょ》や分別をなくしてしまう」という意味になります。

Cは、「考えても無駄だ」という場合のことで、将棋や碁ではこれを〈下手《へた》の考え休むに似たり〉〈思案休むに似たり〉などと言いますが、標題の言葉の用い方としてはズレています。

97 とっこに取る

A
「白井さんてさ、いつも自分がタイピングが速いのを自慢してるのよね」
「そうそう。それを**とっこに取って**鼻を高くしているわけよ。ちょっとくらい打つのが速くたってどうってことないのにね」

B
「この前、ちょっとしたあいさつのつもりで高橋さんにごちそうするって言ったらさ、それを**とっこに取って**早くおごれってうるさいのよ」
「あ～あ、あの人にそんなうっかりしたことを言ったら大変なことになるのよ」

C
「お前、この機械いじって壊したろ」
「何を**とっこに取って**そういうことを言うんだよ。証拠もないのに変な言いがかりはやめてもらいたいね」

正解　B

この言葉は、語源が定かではありません。「とっこ」は、「独鈷《とっこ》」という密教で用いる法具のことか、「騙《かた》り」（人を欺《あざむ》いて物を取る者）の両説ありますが、どちらにしても「取る」とのつながりが不審です。語源不明ながら慣用句としての意味は確定しているものとして扱っておきます。

全体としての意味は、**〈言質《げんち》にとる〉と同じ**ようなことで、**「何か言ったことをとらえて相手に言いがかりをつけたり困らせたりするためのきっかけにする」**ということです。したがって、うっかりした発言をとらえられてしまったという内容のBが正しい使い方ということになります。

Cは、「言いがかり」という部分はあっていますが、「証拠」という意味には用いません。Aの「自慢」という用法はまったくズレています。

98 やんぬるかな

A 「**やんぬるかな**、ついに完成したぞ」

「うん、やったね。この研究も長くかかったからなあ。僕たちの手では無理かと思っていたよ」

B 「母が言うには、このまえ倒産したスタープロダクションは、永遠に芸能界を牛《ぎゅう》耳《じ》るものだと思っていたらしいよ」

「それが**やんぬるかな**だものね。永遠に続くものなんかないわけだ」

C 「資金繰りの苦しい中でなんとかがんばってきたけれど、銀行に融資を止められてしまってはどうしようもなくなった」

「残念だが、我が社もこうなっては**やんぬるかな**ということか」

正解　C

この言葉は、「やみぬるかな」が音変化したもので、分解すると「止《や》ん（み）＋ぬる《完了》＋かな《詠嘆》」となります。

つまり、**「終わってしまった」**ということですが、慣用句としては、Bのようにただその意味で用いるのでは意味合いが違ってしまいます。特に、詠嘆《えいたん》の意味がこもっていないのが不足しているところです。

適切なのはCで、**「今となってはどうしようもない」**ということを詠嘆を込めて表すときの表現です。

このように悪い事態となって終了したときに使う言葉なので、Aのようなよいことがらに用いるのは誤りです。

99 木に竹を接《つ》ぐ

A

「どうも**木に竹を接い**だような話だね。つじつまが合ってないじゃないか」

「そうなんですよ。行くたびにあちらの言うことが変わるものですから、わたしも困ってるんです」

B

「新しい物を考え出すというより、性質の違う二つの物をうまく組み合わせるというのが、最近の流れなんでしょうね」

「そうなんですよ。うまく**木に竹を接ぐ**ことが新製品のポイントなんです」

C

「この仕事は、一本線の連続性を保つというより、いろいろ変わりながらも、とにかくつないでいくことが肝心だろうな」

「そうなんですよ。うまく**木に竹を接いで**いけるかどうかですね」

正解　A

「木」と「竹」は、それぞれ性質の違う素材を表しています。それを継ぎ合わせるということですが、よい意味に使う言葉ではありません。

慣用句としては、違う性質のものを継ぎ合わせることを、**「前後関係や筋が通らないこと」**の意味として用います。

Aが、そのように筋が通らないという意味になっているので、適切な用法です。

Bは、違う素材を組み合わせるという点だけならば合っていますが、それをよいことがらとしていますので、慣用句の用法として誤りです。

Cは、「接ぐ」を単に継ぎ合わせるのではなく、リレーするような意味にしており、また、これもよい方向に用いているのが誤用です。

100 さらぬ別れ

A「息子が東京の大学に行ってしまうのよ。手元から離したことがないから、別れるとなると心配で心配で」

「何よ、そのくらい、**さらぬ別れ**じゃないの。休みになれば帰ってくるんだし」

B「君とも、とうとう職場が別々になってしまうな」

「でも、東京の反対側にすぎないし会えなくなるわけじゃないんだから、**さらぬ別れ**というところだね」

C「この年になると、**さらぬ別れ**が多くなって、気が滅入ってくるわ」

「それは仕方ないことね。人間の宿命だし、そう感じるというのは自分が長生きだということなのだから」

正解　C

これはかなり難しい慣用句で、「さらぬ」の意味をとり違えると誤用になります。

漢字で正しく書けば「避らぬ別れ」で、避けられない別れ、すなわち**「死別」**を意味する言葉です。『伊勢物語《いせものがたり》』に、母親の重病の床にかけつける男の歌として、「世の中にさらぬ別れのなくもがな（なくてほしい）千代《ちよ》もと祈る人の子のため」というのがあり、そこから慣用句として用いられるようになったものです。

ここでは、Cが、知り合いと死別することを歎《なげ》いていて適切な用法です。

Aは、あえて漢字で書けば「然らぬ」で、「なんでもない」「たいしたことのない」の意味で言っていますので、慣用句としての用い方ではありません。

Bは、「去らぬ」のつもりで使っており、この部分を誤解しています。

著者　略歴

著述家、日本語講師。1952年、東京都に生まれる。京都大学文学部を卒業後、大手予備校の講師を経て独立。フリーランスの講師として、現代文・古文・漢文を教えるとともに、古典文学の楽しさを現代に伝えるための著作活動を精力的に続けている。

著書に、「田村の現代文講義」シリーズ（代々木ライブラリー）、『行き詰まったときの兼好さん』（すばる舎）、筆名大伴茫人名義で『枕草子』『徒然草・方丈記』『クイズでわかる百人一首』『クイズでわかる日本の古典』（以上、ちくま文庫）、「さらさら読む古典」シリーズ（梧桐書院）などがある。
●E-mail：JBG02546@nifty.com

知《し》ってるつもりで間違《まちが》える慣用句《かんようく》100

著者　田村《たむら》 秀行《ひでゆき》

2012年10月4日　第１刷発行

発行所　株式会社亜紀書房
東京都千代田区神田神保町1-32　〒101-0051
電話　03-5280-0261（営業）　03-3824-7238（編集）
振替　00100-9-144037
http://www.akizero.jp（亜紀書房ZERO事業部）

装幀　AD: 渡邊民人（TYPEFACE）　D: 荒井雅美（TYPEFACE）
本文デザイン　荒井雅美（TYPEFACE）
編集協力　蒼陽社
印刷・製本　トライ　http://www.try-sky.com

ISBN978-4-7505-1224-2

亜紀書房ZERO事業部の好評既刊

藤原東演

いつでもひとりに戻れる生き方

変われる私を見つける禅のこころ

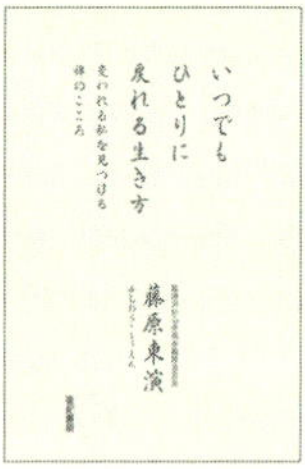

人生のすべての楽しみは、孤独の中に宿っている。禅のフレーズで学ぶ、ひとりを味わう〝とっておきの〟ヒント。

1575円

1121-4

岡崎太郎

履歴書無用! どん底と成功のサバイバル物語

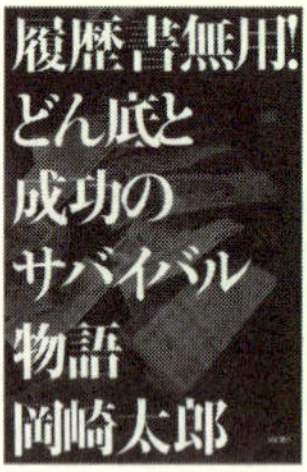

誰にも頼らず、誰の責任にもせず、学歴も資格も関係なく、自分の力だけでサバイバルすることの楽しさがつまった作品。

1470円

1122-1

野津卓也

20代からはじめるキャリア3・0

誰でもできる生涯現役の働き方

組織依存、自己中心から脱却すれば、生涯現役で働ける! 先の見えない時代にふさわしい新しいキャリアデザインを提示。

1260円

1214-3

定価は税込み（5%）です。定価は変更することがあります。